# Cuaderno de actividades escritas y auditivas

Glencoe

# El español para nosotros

## Curso para hispanohablantes

Nivel 2

**Conrad J. Schmitt**

McGraw Hill Glencoe

New York, New York  Columbus, Ohio  Chicago, Illinois  Peoria, Illinois  Woodland Hills, California

McGraw Hill Glencoe

The McGraw·Hill Companies



Send all inquiries to:
Glencoe/McGraw-Hill
8787 Orion Place
Columbus, OH 43240-4027

ISBN: 0-07-867656-8

Printed in the United States of America.

22 23 24 LHN 23

# Contenido


**Capítulo 1**
Actividades escritas . . . . . 1.1
Actividades auditivas . . . . . 1.15

**Capítulo 2**
Actividades escritas . . . . . 2.1
Actividades auditivas . . . . . 2.11

**Capítulo 3**
Actividades escritas . . . . . 3.1
Actividades auditivas . . . . . 3.17

**Capítulo 4**
Actividades escritas . . . . . 4.1
Actividades auditivas . . . . . 4.13

**Capítulo 5**
Actividades escritas . . . . . 5.1
Actividades auditivas . . . . . 5.17

**Capítulo 6**
Actividades escritas . . . . . 6.1
Actividades auditivas . . . . . 6.19

**Capítulo 7**
Actividades escritas . . . . . 7.1
Actividades auditivas . . . . . 7.17

**Capítulo 8**
Actividades escritas . . . . . 8.1
Actividades auditivas . . . . . 8.21

**Capítulo 9**
Actividades escritas . . . . . 9.1
Actividades auditivas . . . . . 9.15

**Capítulo 10**
Actividades escritas . . . . . 10.1
Actividades auditivas . . . . . 10.15

**Capítulo 11**
Actividades escritas . . . . . 11.1
Actividades auditivas . . . . . 11.13

**Capítulo 12**
Actividades escritas . . . . . 12.1
Actividades auditivas . . . . . 12.11

**Capítulo 13**
Actividades escritas . . . . . 13.1
Actividades auditivas . . . . . 13.11

**Capítulo 14**
Actividades escritas . . . . . 14.1
Actividades auditivas . . . . . 14.9

# Capítulo 1

## Lo indígena

Nombre ______________________ Fecha ______________

# Sección 1: Historia y cultura

## Vocabulario para la lectura

**1** Expresa de otra manera.

1. Ellos quieren *incorporarse* en el grupo.

_______________________________________

2. *La leyenda* de «La Llorona» es muy triste.

_______________________________________

3. Ellos viven en *un bohío* con techo de paja.

_______________________________________

4. Los araucanos fueron un grupo *feroz*.

_______________________________________

5. Ellos van a *reunir* para tener más poder.

_______________________________________

6. Yo sé que ella va a *tener* un papel importante en el asunto.

_______________________________________

7. Él *anda* por el mundo.

_______________________________________

## Lectura

**2** En tus propias palabras, relata la leyenda de los primeros incas.

_______________________________________

_______________________________________

_______________________________________

_______________________________________

_______________________________________

_______________________________________

_______________________________________

_______________________________________

Nombre ______________________ Fecha ______________

**3** Contesta sobre los incas.

**1.** ¿Por dónde se extendió el imperio incaico?

______________________________________

______________________________________

**2.** ¿Cómo se quedaba al tanto de todo lo que sucedía en el imperio el Inca?

______________________________________

______________________________________

______________________________________

______________________________________

**3.** ¿Cuál es la diferencia entre un chasqui y un quipu?

______________________________________

______________________________________

______________________________________

______________________________________

**4.** ¿Cuál era la base de la estructura social de los incas?

______________________________________

______________________________________

**5.** ¿Cuál era la base de la religión incaica?

______________________________________

______________________________________

**4** Contesta sobre los aztecas.

**1.** Según una leyenda sobre el origen de los aztecas, ¿dónde debieron construir una ciudad?

______________________________________

______________________________________

**2.** ¿Cuándo llegaron los aztecas al valle de Anáhuac?

______________________________________

______________________________________

Nombre ______________________ Fecha ____________

3. ¿Quiénes vivían allí?

4. ¿Cómo eran?

5. ¿Qué adoptaron los aztecas?

6. ¿Dónde fundaron su capital?

**5** Identifica y describe.

1. las casas de los aztecas

2. la comida de los aztecas

3. su bebida favorita

4. sus oficios (trabajos)

5. su religión

Nombre ______________________ Fecha ______________

# Sección 2: Conocimientos para superar

## Conexión con los estudios sociales

**6** Usa las siguientes expresiones en una oración original.

**1.** un gobierno democrático ______________________

**2.** el derecho al voto ______________________

**3.** los partidos políticos ______________________

**4.** la política ______________________

**5.** el jefe ejecutivo ______________________

**6.** la Constitución ______________________

**7.** una coalición ______________________

**8.** el voto de confianza ______________________

**9.** un plebiscito ______________________

**10.** un gobierno autocrático ______________________

**11.** la libertad de palabra ______________________

**12.** un toque de queda ______________________

Nombre ______________________ Fecha ______________

**7** Explica.

¿Cuáles son algunas diferencias entre un sistema democrático unicameral y bicameral?

**8** Contesta.

¿Preferirías vivir bajo una forma democrática o autocrática de gobierno? ¿Por qué?

Nombre ______________________ Fecha ______________

# Sección 3: Gramática y lenguaje

## Verbos irregulares en el pretérito

## El verbo decir

**9** Escribe en el pretérito.

1. Yo hago el viaje y mi mejor amigo lo hace también. Hacemos el viaje en avión.

______________________________

______________________________

2. Ellos no lo quieren saber.

______________________________

______________________________

3. —¿De dónde vienes?

—Pues, vengo directamente del trabajo. Y Alicia viene conmigo.

______________________________

______________________________

4. Ella está pero sus primos no están.

______________________________

______________________________

5. Andamos por el pueblo entero y estamos más de media hora en la plazuela.

______________________________

______________________________

6. No lo tengo yo y no lo tienen ellos. Nadie lo tiene.

______________________________

______________________________

7. Él no puede o no quiere darse cuenta de lo grave que es la situación.

______________________________

______________________________

Nombre ______________________ Fecha ______________

8. ¡Qué pena! No podemos ir.

_______________________________________________

_______________________________________________

9. Yo pongo mis gafas en la maleta y José pone las suyas en su mochila.

_______________________________________________

_______________________________________________

10. Yo no sé nada porque nadie me dice nada.

_______________________________________________

_______________________________________________

11. Él lo dice; yo lo digo. Todos decimos la misma cosa. ¡Y ellos! Se callan. No dicen nada.

_______________________________________________

_______________________________________________

## Regionalismos

**10** Escoge la palabra o expresión que usas. Luego, úsala en una oración original.

1. tomar un curso, seguir un curso ______________________

_______________________________________________

2. ver la televisión, mirar la televisión ______________________

_______________________________________________

3. alquilar (rentar, arrendar) un carro, alquilar (rentar, arrendar) un coche

_______________________________________________

_______________________________________________

4. la goma, el neumático, la llanta, el caucho ______________________

_______________________________________________

5. la habitación, el cuarto (de dormir), el dormitorio, la recámara ________

_______________________________________________

6. platicar, conversar, charlar ______________________

_______________________________________________

# Sección 4: Literatura

## Vocabulario para la lectura

**11** Parea.

1. ______ enigmático — **a.** trabajar
2. ______ la fatiga — **b.** inexplicable
3. ______ ignorar — **c.** avaricia
4. ______ labrar — **d.** suplicar
5. ______ taciturno — **e.** cansancio
6. ______ implorar — **f.** callado, triste
7. ______ la codicia — **g.** atrevido
8. ______ audaz — **h.** no saber

**12** Completa.

1. Él quiere que lo hagas. Él te ______________________.
2. ¡Qué ______________________! Sólo quiero dormir.
3. Ellos ______________________ lo que estás diciendo.
4. La ______________________ no es un atributo.
5. Es tan ______________________ que no sé si está triste o no.
6. Los campesinos ______________________ la tierra.

## Lectura

### *¿Quién sabe?* de José Santos Chocano

**13** Contesta.

1. ¿Dónde nació José Santos Chocano? ______________________

______________________

______________________

2. ¿Dónde viajó? ______________________

______________________

______________________

Nombre ______________________ Fecha ______________

3. ¿De qué canta en sus obras? ______________________

4. ¿Cómo es que quería ser indio y español a la vez? ______________________

**14** Escríbele una carta al indio diciéndole lo que le dice Santos Chocano en su poesía *¿Quién sabe?*

## Vocabulario para la lectura

**15** Usa cada palabra en una oración original.

1. forastero ______________________

2. la cascada ______________________

3. la lapa ______________________

4. el tabú ______________________

Nombre ______________________________ Fecha ______________

# Lectura

## *Walimai* de Isabel Allende

**16** Escribe unos detalles sobre la vida de Isabel Allende.

______________________________

______________________________

______________________________

______________________________

______________________________

**17** Explica lo que significa cada trozo.

1. No entiendo la facilidad de los extranjeros para llamarse unos a otros sin asomo de temor, lo cual no sólo es una falta de respeto, también puede ocasionar graves peligros. He notado que esas personas hablan con la mayor liviandad, sin tener en cuenta que hablar es también ser. El gesto y la palabra son el pensamiento del hombre.

______________________________

______________________________

______________________________

______________________________

______________________________

______________________________

2. Algunos jóvenes tienen curiosidad por los blancos y mientras nosotros viajamos hacia lo profundo del bosque para seguir viviendo como nuestros antepasados, otros emprenden el camino contrario.

______________________________

______________________________

______________________________

______________________________

______________________________

______________________________

3. Yo crecí con mis hermanos bajo los árboles, sin ver nunca el sol. A veces caía un árbol herido y quedaba un hueco en la cúpula profunda del bosque, entonces veíamos el ojo azul del cielo.

______________________________________________

______________________________________________

______________________________________________

______________________________________________

______________________________________________

______________________________________________

**18** Da una descripción de la casa en que viven el narrador y los suyos.

______________________________________________

______________________________________________

______________________________________________

______________________________________________

______________________________________________

______________________________________________

# Sección 6: Conexión con el inglés

## Sujeto y verbo

**19** Completa.

1. Did you eat? Yes, I ______________.
2. When did they come? They ______________ yesterday.
3. Did the kids swim? Yes, they ______________ a lot.
4. What did you make? I ______________ a rug.
5. Did the children sleep? They ______________ like logs.
6. Did she break it? Oh, yes. She ______________ it.
7. Did he understand? Yes, he ______________ everything.
8. Where did they live? They ______________ in Mexico City.
9. Did you sell the house? Yes, I ______________ it.
10. Did you shut the door? Yes, I ______________ it.

Nombre ______________________ Fecha ______________________

**20** Completa.

1. What did you ______________________? I wrote a letter.
2. Did you ______________________ it? Yes, I sent it yesterday.
3. Did he ______________________ you? Yes, he told me.
4. What did you ______________________? I got a new bike.
5. What did they ______________________? They won a trophy.
6. What did she ______________________? She found a ring.
7. Did you ______________________ it? Oh yes. I brought it.
8. What did he ______________________? He bought a new car.
9. When did they ______________________? They left yesterday.
10. Did it ______________________? Yes, it fit.

Nombre ______________________ Fecha ______________

# Sección 1

**Actividad 1** **Escucha.**

**Actividad 2** **Escucha y escoge.**

| | CORRECTO | INCORRECTO |
|---|---|---|
| 1. El dios Sol fue Inti y él creó a los primeros incas. | ❑ | ❑ |
| 2. Los dos primeros incas se llamaban Manco Cápac y Mama Ocllo. | ❑ | ❑ |
| 3. Al crearlos él los colocó en la ciudad de Cuzco. | ❑ | ❑ |
| 4. Manco Cápac y Mama Ocllo viajaron del lago Titicaca hasta Cuzco con la vara que les había dado el Inti. | ❑ | ❑ |
| 5. El emperador de los incas se llamaba el Inca. | ❑ | ❑ |
| 6. Los incas no tenían ningún sistema de transporte. | ❑ | ❑ |
| 7. Los chasquis eran mensajeros que corrían grandes distancias en un sistema de carreteras llevando órdenes y noticias. | ❑ | ❑ |
| 8. Los incas tenían un excelente sistema de escritura. | ❑ | ❑ |
| 9. Los incas hablaban quechua. | ❑ | ❑ |
| 10. La organización social de los incas fue el ayllu—un grupo de diez familias que se agrupaban y compartían la tierra, los animales y la comida. | ❑ | ❑ |

**Actividad 3** **Escucha.**

**Actividad 4** **Escucha y escribe.**

1. Según una leyenda, el dios Huitzilopóchtli les dijo a los aztecas que se establecieran donde se encontraran ______________________

   ______________________________________.

2. Mientras los aztecas andaban por México encontraron a los

   ______________________________________.

3. Los aztecas establecieron su capital en ______________________

   ______________________________________.

4. La ciudad tenía muchas ______________________.

Nombre ______________________ Fecha ______________

5. Los aztecas vivían en ______________________.

6. Comían ______________________.

7. Bebían ______________________.

8. El famoso calendario azteca da testimonio de su conocimiento de ______________________.

# Sección 2

**Actividad 5** **Escucha y repite.**

# Sección 3

**Actividad 6** **Escucha y escoge.**

| | PRESENTE | PASADO | | PRESENTE | PASADO |
|---|---|---|---|---|---|
| 1. | ❑ | ❑ | 5. | ❑ | ❑ |
| 2. | ❑ | ❑ | 6. | ❑ | ❑ |
| 3. | ❑ | ❑ | 7. | ❑ | ❑ |
| 4. | ❑ | ❑ | 8. | ❑ | ❑ |

**Actividad 7** **Escucha.**

# Sección 4

**Actividad 8** **Escucha y repite.**

**Actividad 9** **Escucha.**

**Actividad 10** **Escucha y contesta.**

¿Cuál es la repetida respuesta del indo?

______________________

______________________

______________________

**Actividad 11** **Escucha.**

# Capítulo 2

# Comida y vida

Nombre ______________________ Fecha ______________

# Sección 1: Historia y cultura

## Lectura

**1** Escribe a lo menos tres frases sobre cada uno de los siguientes temas.

**1.** ciudades latinoamericanas ______________________

**2.** la altiplanicie ______________________

**3.** la zona selvática ______________________

**4.** las llanuras ______________________

**2** Describe.

**1.** una casa típica del altiplano

______________________

**2.** una casa típica de la selva

______________________

**3** Explica la importancia de la topografía y del clima de Latinoamérica en la vida de los habitantes.

______________________

Nombre ______________________ Fecha ______________

**4** Identifica el país donde se encuentra:

1. el Popocatépetl ______________________
2. el Irazú ______________________
3. el Monte Momotombo ______________________
4. el Osorno ______________________

# Sección 2: Conocimientos para superar

## Conexión con la salud

**5** Contesta.

1. ¿Qué hacían los egipcios en la antigüedad para proteger su salud?

2. ¿Qué tenían los hebreos? ¿Para qué?

3. Y, ¿los griegos?

4. ¿Qué es la higiene personal?

5. ¿De qué depende el número de calorías que necesita una persona?

Nombre ______________________ Fecha ______________

6. ¿Por qué necesitan más calorías los adolescentes que los adultos?

______________________________________________

______________________________________________

______________________________________________

**6** Escribe una lista de cosas que se debe hacer para mantener la salud y seguir un buen régimen de higiene personal.

______________________________________________

______________________________________________

______________________________________________

______________________________________________

______________________________________________

**7** Prepara una lista de alimentos que se consideran buenos para la salud y otra de los alimentos que se deben evitar o comer en pequeñas porciones.

______________________________________________

______________________________________________

______________________________________________

______________________________________________

______________________________________________

______________________________________________

**8** Prepara una lista de actividades que benefician la salud.

______________________________________________

______________________________________________

______________________________________________

______________________________________________

______________________________________________

______________________________________________

Nombre ______________________ Fecha ______________

# Sección 3: Gramática y lenguaje

## Verbos de cambio radical

**9** Escribe dos oraciones—una en el presente y otra en el pretérito—usando cada uno de los siguientes verbos con el sujeto indicado.

**1.** ellos / pedir

______________________

______________________

**2.** tú / repetir

______________________

______________________

**3.** yo / servir

______________________

______________________

**4.** nosotros / servir

______________________

______________________

**5.** yo / seguir

______________________

______________________

**6.** ustedes / seguir

______________________

______________________

**7.** yo / elegir

______________________

______________________

**8.** él / elegir

______________________

______________________

**9.** yo / divertirse

**10.** ellos / preferir

**11.** yo / preferir

**12.** ella / dormir

# Sección 4: Literatura

## Vocabulario para la lectura

**10** Pon las letras en orden para formar una palabra.

**1.** onoosd ____________

**2.** sblaazana ____________

**3.** toreelp ____________

**4.** xinéf ____________

**11** Usa cada palabra de la Actividad 10 en una oración original.

**1.** ____________

**2.** ____________

**3.** ____________

**4.** ____________

Nombre ______________________________ Fecha ______________

# Lectura

## *El cuervo y el zorro* de Félix de Samaniego

**12** Contesta.

1. ¿Quiénes son cuatro fabulistas famosos?

______________________________________________

______________________________________________

______________________________________________

2. ¿Qué es una fábula?

______________________________________________

______________________________________________

______________________________________________

3. ¿Qué tiene una fábula?

______________________________________________

______________________________________________

______________________________________________

4. En esta fábula de Samaniego, ¿a quiénes personaliza?

______________________________________________

______________________________________________

______________________________________________

**13** Completa.

1. El cuervo estaba en la ______________________ de un árbol.
2. Tenía un ______________________ en el pico.
3. El ______________________ del queso le atrajo al zorro.
4. El zorro le dijo al cuervo que estaba ______________________,

   ______________________ y ______________________.

Nombre ______________________ Fecha ______________

**14** Explica como perdió el cuervo el queso.

______________________________________________

# Sección 6: Conexión con el inglés

## Influencias del español

**15** Usa las siguientes palabras en una oración en inglés.

**1.** adobe ______________________

**2.** siesta ______________________

**3.** meseta ______________________

**4.** patio ______________________

**5.** plaza ______________________

**6.** arroyo ______________________

Nombre ______________________ Fecha ______________

## Regionalismos

**16** Subraya la palabra inglesa que oyes donde tú vives.

1. bag, sack
2. candy, sweet
3. thruway, parkway
4. traffic circle, roundabout, rotary

Nombre ______________________ Fecha ______________

# Sección 1

**Actividad 1** **Escucha.**

**Actividad 2** **Escucha y escoge.**

| | LA ALTIPLANICIE | LA SELVA |
|---|---|---|
| 1. | ☐ | ☐ |
| 2. | ☐ | ☐ |
| 3. | ☐ | ☐ |
| 4. | ☐ | ☐ |
| 5. | ☐ | ☐ |
| 6. | ☐ | ☐ |
| 7. | ☐ | ☐ |
| 8. | ☐ | ☐ |
| 9. | ☐ | ☐ |
| 10. | ☐ | ☐ |

# Sección 2

**Actividad 3** **Escucha y repite.**

**Actividad 4** **Escucha y escribe.**

1. ______________ 6. ______________

2. ______________ 7. ______________

3. ______________ 8. ______________

4. ______________ 9. ______________

5. ______________ 10. ______________

# Sección 3

**Actividad 5** **Escucha y escribe.**

1. ______________ 5. ______________

2. ______________ 6. ______________

3. ______________ 7. ______________

4. ______________ 8. ______________

Nombre ______________________ Fecha ______________

**Actividad 6** **Escucha y escribe.**

1. ______________ 7. ______________
2. ______________ 8. ______________
3. ______________ 9. ______________
4. ______________ 10. ______________
5. ______________ 11. ______________
6. ______________ 12. ______________

**Actividad 7** **Escucha y repite.**

**Actividad 8** **Escucha y escribe.**

1. ______________ 5. ______________
2. ______________ 6. ______________
3. ______________ 7. ______________
4. ______________ 8. ______________

# Sección 4

**Actividad 9** **Escucha y repite.**

**Actividad 10** **Escucha.**

**Actividad 11** **Escucha y escoge.**

1. ¿Dónde está sentado el cuervo?
   a. urfano y contento
   b. en la rama de un árbol
   c. al lado del zorro

2. ¿Qué tenía en el pico?
   a. una voz bonita
   b. nada
   c. un queso

3. ¿Qué atrajo al zorro?
   a. el cuervo
   b. el olor
   c. el pico

4. ¿Qué le dice el zorro al cuervo?
   a. que es muy bonito
   b. que tiene una voz fabulosa
   c. que quiere comer

5. Según el zorro, ¿qué debe tener el cuervo?
   a. un pico bien negro
   b. un queso rico
   c. una voz bonita

6. ¿Cómo dejó caer el queso el cuervo?
   a. Quería darle de comer al zorro.
   b. Quería cautar para que el zorro oyera so voz bonita.
   c. Se cayó del árbol.

# Capítulo 3

## ¿Carta o computadora?

Nombre ____________________ Fecha ____________

# Sección 1: Historia y cultura

## Vocabulario para la lectura

**1** Pon las letras en orden para formar una palabra del vocabulario.

1. gumenar ____________________
2. adcerco ____________________
3. racaloc ____________________
4. zacalda ____________________
5. maracoc ____________________
6. escladzo ____________________

**2** Usa cada palabra de la Actividad 1 en una oración original.

1. ____________________
2. ____________________
3. ____________________
4. ____________________
5. ____________________
6. ____________________

## Lectura

### *Carta de Cortés*

**3** Contesta.

1. ¿Desde hace cuando tiene la gente el deseo de mantenerse en contacto?

____________________

2. Hasta recientemente, ¿cómo se mantenía la gente en contacto?

3. ¿A quién le escribió una carta el conquistador Hernán Cortés?

4. ¿Por qué le escribió?

5. ¿Por qué dice Cortés que no le es posible poner en palabras todo lo que ve?

6. ¿Cómo recibieron los aztecas a los españoles? ¿Por qué?

**4** Identifica y describe.

1. Tenochtitlán ______________________

2. Mexicaltzingo ______________________

3. Mixiuacán y Huitzilopocho ______________________

4. a Moctezuma ______________________

Nombre ______________________ Fecha ____________

**5** Escoge una oración larga de la *Carta de Cortés*. Escríbela de nuevo en un lenguaje más moderno o corriente.

______________________________________________

______________________________________________

______________________________________________

______________________________________________

______________________________________________

# Sección 2: Conocimientos para superar

## Conexión con la tecnología

**6** Escribe una lista de todos los términos informáticos que sepas.

______________________________________________

______________________________________________

______________________________________________

______________________________________________

______________________________________________

**7** Escoge diez de las palabras de la lista de la Actividad 6 y úsalas en una oración original.

**1.** ______________________________________________

______________________________________________

**2.** ______________________________________________

______________________________________________

**3.** ______________________________________________

______________________________________________

**4.** ______________________________________________

______________________________________________

**5.** ______________________________________________

______________________________________________

Nombre ______________________ Fecha ______________

6. ______________________________

7. ______________________________

8. ______________________________

9. ______________________________

10. ______________________________

**8** Describe.

1. como usas la computadora

2. una página Web

Nombre ______________________ Fecha ______________

# Sección 3: Gramática y lenguaje

## El imperfecto

**9** Completa con la forma apropiada del imperfecto.

**1.** ellos ______________ (hablar)

______________ (comer)

______________ (servir)

**2.** yo ______________ (estudiar)

______________ (leer)

______________ (escribir)

**3.** ella ______________ (llamar)

______________ (volver)

______________ (vivir)

**4.** nosotros ______________ (comprar)

______________ (vender)

______________ (salir)

**5.** tú ______________ (estar)

______________ (querer)

______________ (reír)

**10** Contesta.

**1.** ¿Cuáles son los usos más importantes del imperfecto? Escribe un ejemplo de cada uno.

______________________________

______________________________

______________________________

**2.** ¿Cuáles son los únicos verbos irregulares en el imperfecto? Escribe una oración original con cada uno de estos verbos.

______________________________

______________________________

______________________________

Nombre ______________________ Fecha ______________

**11** Completa con la forma apropiada del imperfecto.

1. Nosotros ______________ y ______________. (cantar, bailar)
2. Nosotros ______________ mucho cuando ______________ jóvenes. (salir, ser)
3. Nosotros siempre ______________ salir. (querer)
4. Él siempre ______________ la misma cosa. (decir)
5. La niña ______________ muy poco. (dormir)
6. El pobre nunca ______________ nada. (pedir)
7. Y él no ______________ trabajar. (poder)
8. La niña siempre se ______________. (caer)
9. Ellos siempre ______________ buenas noticias. (traer)
10. ______________ muchos alumnos en la misma aula. (haber)

**12** Escribe oraciones originales en el imperfecto que indiquen lo siguiente.

1. una acción repetida

______________________________

______________________________

2. una acción habitual

______________________________

______________________________

3. una emoción

______________________________

______________________________

4. una opinión

______________________________

______________________________

5. apariencia y edad

______________________________

______________________________

**6.** personalidad

______________________________

______________________________

**7.** edad

______________________________

______________________________

**8.** origen

______________________________

______________________________

**9.** colocación

______________________________

______________________________

**10.** el tiempo

______________________________

______________________________

**11.** la hora

______________________________

______________________________

**12.** una actitud

______________________________

______________________________

## Oraciones compuestas

**13** Subraya las palabras que son conjunciones.

| | |
|---|---|
| **1.** de | **5.** o |
| **2.** por | **6.** hasta |
| **3.** y | **7.** ni |
| **4.** pero | **8.** porque |

Nombre ______________________ Fecha ______________

**14** Forma oraciones compuestas.

1. Él trabajaba duro. Ganaba mucho dinero. ______________

2. Él era un señor serio. Siempre tenía tiempo de divertirse. ______________

3. ¿Estaba contento? ¿Estaba triste? ______________

4. Ellos se casaron. Tenían una vida feliz. ______________

5. Recibieron malas notas. No estudiaron. ______________

## Pronunciación y ortografía

**15** Usa las siguientes palabras en una oración original.

1. bebía ______________

2. vivía ______________

3. vuelo ______________

4. bueno ______________

5. valle ______________

6. baile ______________

7. vasto ______________

8. busto ______________

Nombre ______________________________ Fecha ________________

# Sección 4: Literatura

## Lectura

### *Abenámar* de autor anónimo

### *En Durango comenzó* de autor anónimo

**16** Contesta.

1. ¿Cómo se informaba la gente de lo que pasaba durante la Edad Media en España?

______________________________________________

______________________________________________

______________________________________________

2. ¿Qué hacían los juglares?

______________________________________________

______________________________________________

______________________________________________

3. ¿Qué es un «romance» en inglés?

______________________________________________

______________________________________________

______________________________________________

4. ¿Cuál es la diferencia entre un romance morisco y un romance fronterizo?

______________________________________________

______________________________________________

______________________________________________

______________________________________________

5. ¿Qué es un corrido?

______________________________________________

______________________________________________

______________________________________________

______________________________________________

Nombre ______________________ Fecha ______________

**17** Escríbele una carta a Abenámar diciéndole todo lo que sabes de él.

**18** Haz algunas investigaciones y escribe una biografía corta sobre Pancho Villa.

Nombre ______________________ Fecha ______________

# Lectura

## *Canción de jinete* de Federico García Lorca

**19** Contesta.

1. ¿Dónde y cuándo nació Federico García Lorca? ______________________

2. ¿Dónde murió? ______________________

3. ¿Qué tipo de persona era? ______________________

4. ¿Cuáles son algunos elementos que aparecen frecuentemente en los versos de García Lorca? ______________________

**20** Contesta.

1. ¿Adónde va el jinete? ______________________
2. ¿De qué color es su caballo? ______________________
3. ¿Cómo es la luna? ______________________
4. ¿Qué tiene en su alforja? ______________________
5. ¿Sabe cómo llegar a Córdoba? ______________________
6. ¿Llegará? ______________________
7. ¿Cómo es la tierra por la cual pasa? ______________________
8. ¿Hace viento? ______________________
9. ¿Qué le espera al jinete antes de llegar a Córdoba? ______________________

Nombre ______________________ Fecha ______________

## Vocabulario para la lectura

**21** Da otra palabra.

1. el mensaje ______________________
2. el barrio ______________________
3. posible, temporero ______________________
4. la figura ______________________
5. la acera (en México) ______________________
6. parte de una escalera ______________________
7. percibir algo ______________________

## Lectura

### *El recado* de Elena Poniatowska

**22** Identifica.

1. los géneros en que escribe Poniatowska

______________________

______________________

2. lo que le interesa mucho a la escritora

______________________

______________________

3. la figura central en muchas de sus obras

______________________

______________________

**23** Escoge algunas oraciones de *El recado* en las cuales cada parte nos describe o dice algo de manera detallada. Luego, en tus propias palabras, expresa lo que está describiendo o diciendo la autora.

______________________

______________________

______________________

______________________

______________________

Nombre ______________________ Fecha ______________

## Vocabulario para la lectura

**24** Usa cada una de las siguientes palabras en una oración original.

**1.** meditar ______________________

**2.** sujetar ______________________

**3.** huir ______________________

**4.** apoderarse de ______________________

## Lectura

### *El mensajero de San Martín* de autor anónimo

**25** Contesta.

**1.** ¿Por qué luchó José de San Martín?

**2.** ¿Dónde y contra quiénes había luchado antes?

**3.** Según San Martín, ¿qué ruta tenía que tomar de Argentina para invadir Perú?

**4.** ¿Qué pasó en 1817?

Nombre ______________________________ Fecha ______________

**26** Describe como tú ves al joven Miguel. ¿Lo encuentras verosímil? ¿Lo honoras? ¿Por qué? Comenta sobre lo que tú habrías hecho si hubieras sido Miguel.

# Sección 6: Conexión con el inglés

## Oraciones

**27** ¿Cómo se dice en inglés?

**1.** oración sencilla ______________

**2.** oración compuesta ______________

**3.** cláusula principal ______________

**4.** conjunción ______________

# Sección 2

**Actividad 1** **Escucha.**

**Actividad 2** **Lee, escucha y escoge.**

| | CORRECTA | INCORRECTA |
|---|---|---|
| 1. Una de las funciones más importantes de la computadora es la de reemplazar a la máquina de escribir. | ❑ | ❑ |
| 2. La computadora y su equipo son *software*. | ❑ | ❑ |
| 3. La computadora puede almacenar datos en forma permanente y temporal. | ❑ | ❑ |
| 4. No es necesario tener una contraseña o código para usar la computadora. | ❑ | ❑ |
| 5. El menú es una lista de opciones disponibles para el usuario de la computadora. | ❑ | ❑ |
| 6. El procesamiento de textos reemplaza en las operaciones de una computadora. | ❑ | ❑ |
| 7. El Internet sirve para intercambiar mucha información en muchos campos diferentes. | ❑ | ❑ |
| 8. Hoy en día existen comunicaciones casi instantáneas. | ❑ | ❑ |
| 9. El Internet nos permite comunicarnos por medio del correo electrónico. | ❑ | ❑ |
| 10. Toda la información que sale en el Internet es confiable. | ❑ | ❑ |

# Sección 4

**Actividad 3** **Escucha.**

**Actividad 4** **Escucha y escribe.**

1. ¿Qué hacían los juglares durante la Edad Media?

______________________________________________

______________________________________________

2. ¿En qué ciudad española tiene lugar la acción del romance *Abenámar*?

______________________________________________

______________________________________________

3. ¿Qué es un corrido?

______________________________________________

______________________________________________

4. ¿Por qué hay mucha influencia árabe en España?

______________________________________________

______________________________________________

**Actividad 5 Escribe.**

______________________________________________

______________________________________________

______________________________________________

**Actividad 6 Escucha.**

**Actividad 7 Escucha.**

**Actividad 8 Escucha.**

**Actividad 9 Escucha y escribe.**

Córdoba.
______________________ y sola.

Jaca negra, ______________________ grande,
y aceitunas en mi alforja.
Aunque sepa los caminos
yo ______________________ llegaré a Córdoba.

Por el llano, por el viento,
______________________ negra, luna roja.
La ______________________ me está mirando
desde las torres de ______________________.

¡Ay qué camino tan ______________________!
¡Ay mi jaca valerosa!
¡Ay que la muerte me espera,
antes de ______________________ a Córdoba!

Córdoba.
______________________ y sola.

**Actividad 10 Escucha.**

# Capítulo 4

## De tiendas

Nombre ______________________ Fecha ______________

# Sección 1: Historia y cultura

## Lectura

**1** Contesta.

1. ¿Qué es un mercado municipal?

_______________

2. ¿Qué hay en estos mercados?

_______________

3. ¿Por qué les gusta a muchas señoras hacer sus compras en el mercado municipal?

_______________

4. A veces, ¿qué hay en los alrededores del mercado municipal?

_______________

5. ¿Cómo son los mercados en las grandes poblaciones de indígenas?

_______________

6. ¿Qué es una bodega?

_______________

Nombre ______________________ Fecha ______________

7. ¿Cuáles son otras palabras que se usan en vez de «bodega»?

8. ¿De qué está sufriendo este tipo de tienda hoy en día? ¿Por qué?

**2** Describe la diferencia entre un supermercado y un hipermercado.

**3** Pon las letras en orden para formar una palabra.

1. autmlabne ______________________
2. lecljaear ______________________
3. eddvnero ______________________
4. eicucrornnca ______________________

**4** Usa cada palabra de la Actividad 3 en una oración original.

1. ______________________
2. ______________________
3. ______________________
4. ______________________

Nombre ______________________ Fecha ______________

# Sección 2: Conocimientos para superar

## Conexión con el comercio y la contabilidad

**5** Explica la diferencia entre cada par de términos.

1. ingresos y egresos

2. ganancias y pérdidas

3. rentas y gastos

4. la venta al por mayor y al por menor (al detal)

5. la venta y la compra

6. una sociedad anónima y una sociedad de propiedad individual

7. la concurrencia y el monopolio

8. el estado de resultados y la hoja de balance

Nombre ______________________ Fecha ______________

**9.** activos y pasivos

______________________

______________________

**10.** activos tangibles y activos intangibles

______________________

______________________

**6** Da una definición.

**1.** el comercio ______________________

______________________

**2.** el mercado ______________________

______________________

**3.** una acción ______________________

______________________

**4.** la junta directiva ______________________

______________________

**5.** un socio ______________________

______________________

**6.** la competencia ______________________

______________________

**7.** la contabilidad ______________________

______________________

**8.** el diario ______________________

______________________

**9.** la auditoría ______________________

______________________

**10.** la quiebra ______________________

______________________

Nombre ______________________ Fecha ______________

# Sección 3: Gramática y lenguaje

## El pretérito y el imperfecto

**7** Completa.

**1.** Se usa el pretérito para ______________________________

______________________________

**2.** Se usa el imperfecto para ______________________________

______________________________

**3.** *Siempre, a menudo, con frecuencia* son expresiones que indican ______

______________________________

**4.** *Ayer, el otro día, el año pasado, una vez* son expresiones que indican

______________________________

**5.** Los verbos como *querer, preferir, saber* indican ______________

______________________________

**6.** Para expresar procesos mentales en el pasado se usa ______________

______________________________

**8** En un párrafo describe lo que hacías cuando eras muy joven.

______________________________

______________________________

______________________________

______________________________

______________________________

**9** En un párrafo explica todo lo que hiciste ayer.

______________________________

______________________________

______________________________

______________________________

______________________________

Nombre ______________________ Fecha ______________

## Oraciones complejas

**10** Identifica.

1. una cláusula principal ______________________
______________________
2. una cláusula subordinada ______________________
______________________
3. una oración compleja ______________________
______________________

**11** Explica la diferencia entre una oración compleja y una oración compuesta.

______________________
______________________
______________________
______________________
______________________

**12** Subraya cada cláusula principal una vez y cada cláusula subordinada dos veces. Luego indica si la oración es una oración compleja o una oración compuesta.

| | COMPLEJA | COMPUESTA |
|---|---|---|
| 1. Unos llegaron y otros salieron. | ❑ | ❑ |
| 2. Yo cantaba y mi amigo me acompañaba a la guitarra. | ❑ | ❑ |
| 3. Ellos salieron antes de que nosotros llegáramos. | ❑ | ❑ |
| 4. No nos vimos porque ellos ya habían salido. | ❑ | ❑ |
| 5. Ellos salieron aunque llovía. | ❑ | ❑ |
| 6. Ellos tomaron el tren y fueron a Toledo. | ❑ | ❑ |
| 7. Cuando estaban en Toledo, visitaron la casa de El Greco. | ❑ | ❑ |
| 8. El famoso pintor El Greco nació en Grecia pero pasó la mayor parte de su vida en España. | ❑ | ❑ |

Nombre ______________________________ Fecha ______________

# Sección 4: Literatura

## Vocabulario para la lectura

**13** Da una palabra relacionada.

1. el enojo ______________________________
2. mansedumbre ______________________________
3. el empalme ______________________________
4. la fuente ______________________________

**14** Escribe de otra manera.

1. Es una casa *privada.* ______________________________
______________________________
2. Estoy buscando un buen *carpintero* y un *plomero.* ______________________________
______________________________
3. Las dos carreteras *se unen* en el periférico. ______________________________
______________________________
4. Es bastante *grueso y bajo.* ______________________________
______________________________
5. Le dio *unos golpes.* ______________________________
______________________________
6. Esto me *enfada* mucho. ______________________________
______________________________
7. No lo voy a *tolerar* más. ______________________________
______________________________
8. Es un tipo muy *dulce.* ______________________________
______________________________

Nombre ______________________ Fecha ______________

# Lectura

## *Angelita, o el gozo de vivir* de Mercedes Ballesteros

**15** Contesta.

1. ¿Cómo y dónde trabajaba Angelita?

2. ¿Cómo era Angelita?

3. ¿Cómo era el niño para quien servía de niñera Angelita?

4. A Angelita, ¿qué le gustaba hacer?

5. ¿Cómo pasaba Angelita los domingos?

6. ¿Quién era Faustino?

7. ¿Cómo era?

8. ¿Dónde encontró la narradora a Angelita después de no haberla visto por mucho tiempo?

9. ¿Cómo era su hijo?

______________________________________________

______________________________________________

10. ¿Cuál era el trabajo de su marido, Faustino?

______________________________________________

______________________________________________

**16** En la página 119 del texto dice que «Ballesteros es muy observadora y tiene mucha habilidad en trozar sus personajes, muchos de los cuales son niños. Sus personajes suelen ser individuos marginales y la autora los presenta con mucha sensibilidad». Después de haber leído el cuento, ¿estás de acuerdo con esta observación? Defiende tus opiniones.

______________________________________________

______________________________________________

______________________________________________

______________________________________________

______________________________________________

# Sección 6: Conexión con el inglés

## El pasado sencillo

**17** Completa con la forma apropiada del pasado del verbo.

1. We ______________ vegetables everyday and we also ______________ some yesterday. (buy)
2. They ______________ to the beach every summer and they ______________ last summer too. (go)
3. She ______________ them every week and she ______________ them last week too. (see)
4. We ______________ together on the phone daily and we ______________ yesterday too. (speak)

Nombre ______________________ Fecha ______________

**18** En inglés, escribe cuatro cosas que hacías con frecuencia cuando tenías unos cinco años.

______________________________________________

______________________________________________

______________________________________________

______________________________________________

______________________________________________

**19** Escribe en el pasado.

1. I think so.

______________________________________________

2. They know all about it.

______________________________________________

3. We all want to go.

______________________________________________

4. John prefers to stay.

______________________________________________

5. You believe him, don't you?

______________________________________________

**20** Escribe las oraciones de la Actividad 19 en español.

1. ______________________________________________

______________________________________________

2. ______________________________________________

______________________________________________

3. ______________________________________________

______________________________________________

4. ______________________________________________

______________________________________________

5. ______________________________________________

______________________________________________

Nombre ______________________________ Fecha ____________________

# Sección 3

**Actividad 1** **Escucha y corrige tu tarea.**

**Actividad 2** **Escucha y corrige tu tarea.**

# Sección 4

**Actividad 3** **Escucha.**

**Actividad 4** **Escucha y escoge.**

| | CORRECTA | INCORRECTA |
|---|---|---|
| 1. | ❑ | ❑ |
| 2. | ❑ | ❑ |
| 3. | ❑ | ❑ |
| 4. | ❑ | ❑ |
| 5. | ❑ | ❑ |
| 6. | ❑ | ❑ |
| 7. | ❑ | ❑ |
| 8. | ❑ | ❑ |
| 9. | ❑ | ❑ |
| 10. | ❑ | ❑ |

# Capítulo 5

# Pasatiempos culturales

Nombre ______________________ Fecha ______________

# Sección 1: Historia y cultura

## Vocabulario para la lectura

**1** Completa.

1. Él no planea nada. Hace todo de una manera ______________________.
2. No me gustó. Era demasiado ______________________. Prefiero algo más calmo y tranquilo.
3. Es un autor muy ______________________. Todo el mundo lee y aprecia sus novelas.
4. Es un tipo que les divierte a todos. Es muy ______________________.
5. Ellos bailaron al ______________________ de la guitarra.

## Lectura

**2** Explica.

¿Por qué no es sorprendente que el mundo hispano ofrezca una gran variedad de estilos y géneros musicales?

______________________________________________

______________________________________________

______________________________________________

______________________________________________

______________________________________________

**3** Describe.

1. el flamenco

______________________________________________

______________________________________________

______________________________________________

2. la bomba

______________________________________________

______________________________________________

______________________________________________

3. la plena

4. la salsa

5. el bolero

6. los mariachis

7. el tango

**4** Escribe una lista de todos los instrumentos musicales que conozcas.

Nombre ______________________________ Fecha ______________

# Sección 2: Conocimientos para superar

## Conexión con el teatro

**5** Escoge.

**1.** El autor de una obra teatral es ______.
**a.** obrero **b.** dramaturgo **c.** actor

**2.** ______ es el que se encarga de las finanzas de la producción.
**a.** El contable **b.** El director **c.** El productor

**3.** Una obra o pieza teatral se divide en ______.
**a.** actos **b.** entradas **c.** producciones

**4.** ______ es el diálogo que tienen que seguir los actores.
**a.** El papel **b.** La interpretación **c.** El guión

**5.** El teatro español tiene su origen en ______.
**a.** las ceremonias litúrgicas **b.** las fiestas **c.** los clérigos

**6** Contesta.

**1.** ¿Dónde se representaban las primeras obras teatrales?

______________________________________________

______________________________________________

**2.** ¿Quiénes eran los primeros actores?

______________________________________________

______________________________________________

**3.** ¿Por qué no podían continuar acomodando a los espectadores las iglesias?

______________________________________________

______________________________________________

**4.** Luego, ¿qué hubo que utilizar?

______________________________________________

______________________________________________

Nombre ______________________ Fecha ______________

**7** Identifica.

1. una jornada ______________________

2. un entremés ______________________

3. un auto ______________________

**8** Compara los comienzos del teatro en España con los comienzos del teatro en Latinoamérica.

______________________

**9** Explica.

«Los indígenas de Latinoamérica ya tenían su propio incipiente arte dramático.»

______________________

Nombre ______________________ Fecha ______________

**10** Contesta.

1. ¿Qué es el Siglo de Oro?

______________________

______________________

______________________

2. ¿Dónde nació Juan Ruiz de Alarcón?

______________________

______________________

3. ¿Dónde pasó una gran parte de su vida?

______________________

______________________

4. ¿Cuál es una obra famosa de él?

______________________

______________________

# Sección 3: Gramática y lenguaje

## El futuro

**11** Completa con las terminaciones del futuro.

1. Ellos ______________ al teatro mañana. (ir)
2. Yo los ______________. (acompañar)
3. (Nosotros) ______________ *Evita.* (ver)
4. Yo sé que nos ______________ la obra. (gustar)
5. Después del espectáculo, ______________ juntos en un restaurante. (cenar)
6. Y tú, ¿______________ al teatro? (ir)
7. ¿Te ______________ tus amigos? (acompañar)

Nombre ____________________ Fecha ____________

**12** Explica el significado o los significados de las siguientes oraciones.

1. Serán las cuatro y media.

________________________________________

________________________________________

2. El niño tendrá tres años.

________________________________________

________________________________________

3. ¿Ellos lo sabrán?

________________________________________

________________________________________

## Comparativo y superlativo

**13** Contesta.

1. ¿Quién en tu familia es más alto(a) que tú? ____________

________________________________________

2. ¿Quién es el/la más alto(a) de la familia? ____________

________________________________________

3. De todas tus clases, ¿cuál tiene más alumnos? ____________

________________________________________

4. ¿Cuál de tus clases es la más pequeña? ____________

________________________________________

5. ¿Cuál de tus cursos es el más interesante? ____________

________________________________________

**14** Completa.

1. Alaska es el estado ____________ grande

____________ EE.UU.

2. Alaska es ____________ grande

____________ Texas.

Nombre ______________________________ Fecha ______________

3. Brasil es ______________________ grande ______________________ EE.UU. menos Alaska.

4. Rhode Island es el estado ______________________ pequeño ______________________ país.

**15** Explica.

1. Explica la diferencia entre **más pequeño** y **menor**.

______________________________________________

______________________________________________

______________________________________________

2. Explica la diferencia entre **más grande** y **mayor**.

______________________________________________

______________________________________________

______________________________________________

**16** Escribe.

1. una oración con **mejor**

______________________________________________

______________________________________________

2. una oración con **el/la peor**

______________________________________________

______________________________________________

3. una oración con **más grande**

______________________________________________

______________________________________________

4. una oración con **el/la más grande**

______________________________________________

______________________________________________

**5.** una oración con **mayor**

______________________________________________

______________________________________________

**6.** una oración con **el/la mayor**

______________________________________________

______________________________________________

**7.** una oración con **el/la más pequeño(a)**

______________________________________________

______________________________________________

**8.** una oración con **menor**

______________________________________________

______________________________________________

**9.** una oración con **el/la menor**

______________________________________________

______________________________________________

## Partes del discurso

**17** Identifica la parte del discurso.

**1.** Los actores jóvenes lo presentaron estupendamente bien.

actores ______________________________

jóvenes ______________________________

lo ______________________________

presentaron ______________________________

estupendamente ______________________________

bien ______________________________

**2.** El público se levantó y aplaudió.

público ______________________________

se levantó ______________________________

y ______________________________

aplaudió ______________________________

Nombre ______________________ Fecha ____________

# Sección 4: Literatura

## Vocabulario para la lectura

**18** Expresa de otra manera.

**1.** Ese *perezoso* no hace nada.

______________________________

**2.** Él estará *de regreso* mañana.

______________________________

**3.** Ellos *andan* por aquí.

______________________________

**4.** Él no tiene *ninguna profesión.*

______________________________

**5.** ¿Quieres dejarle *un mensaje*?

______________________________

**6.** *Los otros* se van también.

______________________________

**7.** Él me *enfada*, ese tío.

______________________________

**8.** Te *pido* que no hagas nada.

______________________________

**19** Parea.

| | |
|---|---|
| **1.** ______ prohibir | **a.** la disposición |
| **2.** ______ aparecer | **b.** el regreso |
| **3.** ______ disponer | **c.** la ofensa |
| **4.** ______ volver | **d.** la prohibición |
| **5.** ______ regresar | **e.** la obligación |
| **6.** ______ obligar | **f.** la vuelta |
| **7.** ______ ofender | **g.** la aparición |
| **8.** ______ casar | **h.** el casamiento |

Nombre ______________________ Fecha ______________

## Lectura

### *Mi adorado Juan* de Miguel Mihura

**20** Describe a Irene, la protagonista de la comedia *Mi adorado Juan.*

______________________________________________

______________________________________________

______________________________________________

**21** En tus propias palabras, explica por qué el padre de Irene está enojado con ella.

______________________________________________

______________________________________________

______________________________________________

**22** ¿Crees tú que el padre de Irene tiene derecho de estar enojado con ella o es Irene la que debe estar enojada con su padre? Defiende tus opiniones.

______________________________________________

______________________________________________

______________________________________________

## Lectura

### *Danza negra* de Luis Pales Matos

**23** Contesta.

1. ¿De dónde es Luis Pales Matos?

______________________________________________

______________________________________________

2. ¿Qué significa que era autodidacto?

______________________________________________

______________________________________________

3. ¿Cuándo empezó a componer versos?

______________________________________________

______________________________________________

4. ¿Qué eran sus padres?

5. ¿Por qué se simpatizaron con las inclinaciones de su hijo?

6. ¿Cuáles son algunos temas de la poesía de Luis Pales Matos?

**24** Identifica.

Escribe todos los motivos negroides que se encuentran en la poesía.

# Lectura

## *A Santos Vega, payador argentino* de Bartolomé Mitre

**25** Contesta.

1. ¿Qué simboliza el gaucho?

2. ¿Cuándo apareció la figura del gaucho y por qué?

3. ¿Qué era el payador?

______________________________

______________________________

4. ¿Cómo cantaba?

______________________________

______________________________

5. ¿Dónde cantaba?

______________________________

______________________________

6. ¿De qué cantaba?

______________________________

______________________________

**26** Escribe todo lo que sabes del payador Santos Vega.

______________________________

______________________________

______________________________

______________________________

______________________________

**27** ¿Sí o no?

1. ____________ Santos Vega ha recibido mucha fama por sus cantares.
2. ____________ Han sido escritas las palabras de sus cantares.
3. ____________ Sus cantares han pasado de generación a generación por vía oral.
4. ____________ Santos Vega era un hombre muy culto.
5. ____________ Se conocen sus cantares en el mundo entero.
6. ____________ Sus canciones vivirán por tradición.
7. ____________ Santos Vega fue aclamado el mejor de los payadores.
8. ____________ Por fin, alguien lo venció.
9. ____________ Sus paisanos le hicieron un entierro majestuoso.

Nombre ______________________ Fecha ______________

# Sección 6: Conexión con el inglés

## El futuro

**28** Contesta.

**1.** ¿Con qué palabra se expresa el futuro en inglés?

______________________________

**2.** ¿Cuáles son las contracciones de *he will* y *I will*?

______________________________

**3.** ¿Cuál es la contracción de *will not*?

______________________________

**4.** ¿Cuál es la forma correcta de *I'm gonna go*?

______________________________

**5.** Además del futuro, ¿qué expresa la palabra *will* en inglés?

______________________________

**29** Escribe las siguientes oraciones en inglés usando el futuro.

**1.** He's going to wait.

______________________________

**2.** I'm going to leave.

______________________________

**3.** We are going to be back tomorrow.

______________________________

**4.** They are going to have to understand.

______________________________

**5.** Don't worry. They're going to understand.

______________________________

**6.** There's not going to be any problem.

______________________________

Nombre ______________________ Fecha ______________

## El comparativo y el superlativo

**30** Completa.

| | COMPARATIVE | SUPERLATIVE |
|---|---|---|
| **1.** difficult | ____________ | ____________ |
| **2.** hard | ____________ | ____________ |
| **3.** easy | ____________ | ____________ |
| **4.** natural | ____________ | ____________ |
| **5.** long | ____________ | ____________ |
| **6.** short | ____________ | ____________ |
| **7.** narrow | ____________ | ____________ |
| **8.** wide | ____________ | ____________ |
| **9.** serious | ____________ | ____________ |
| **10.** big | ____________ | ____________ |
| **11.** small | ____________ | ____________ |
| **12.** good | ____________ | ____________ |
| **13.** little | ____________ | ____________ |

Nombre ______________________ Fecha ______________

# Sección 1

**Actividad 1** **Escucha.**

**Actividad 2** **Escucha y escoge.**

| | |
|---|---|
| 1. ______ | a. un bongo |
| 2. ______ | b. la plena |
| 3. ______ | c. Loíza Aldea |
| 4. ______ | d. el son |
| 5. ______ | e. la salsa |
| 6. ______ | f. la bomba |

**Actividad 3** **Escucha, lee y escoge.**

| | CORRECTA | INCORRECTA |
|---|---|---|
| 1. Hay mucha influencia africana en la música mexicana. | ❑ | ❑ |
| 2. La tradición musical mexicana tiene sus raíces en las civilizaciones indígenas. | ❑ | ❑ |
| 3. Los indígenas mexicanos no tenían instrumentos musicales. | ❑ | ❑ |
| 4. Los indígenas tenían mucho talento musical. | ❑ | ❑ |
| 5. La música de los mariachis se popularizó durante la época de la conquista española. | ❑ | ❑ |
| 6. Durante la Revolución mexicana se cantaban muchos corridos que tenían letra revolucionaria. | ❑ | ❑ |

# Sección 3

**Actividad 4** **Escucha y corrige tu tarea.**

**Actividad 5** **Escucha y escribe.**

1. ______________________________________________

2. ______________________________________________

3. ______________________________________________

Nombre ____________________ Fecha ____________

4. ____________________

5. ____________________

6. ____________________

# Sección 4

**Actividad 6** **Escucha.**

**Actividad 7** **Escucha y escribe.**

Irene

____________________

____________________

____________________

____________________

Palacios

____________________

____________________

____________________

____________________

Manríquez

____________________

____________________

____________________

____________________

Juan

____________________

____________________

____________________

____________________

**Actividad 8** **Escucha.**

**Actividad 9** **Escucha.**

# Capítulo 6

# España

Nombre ______________________________ Fecha ______________

# Sección 1: Historia y cultura

## Vocabulario para la lectura

**1** Parea los significados contrarios.

| | | |
|---|---|---|
| **1.** ______ patrocinar | | **a.** quitar |
| **2.** ______ abdicar | | **b.** un benévolo |
| **3.** ______ otorgar | | **c.** quedarse con todo |
| **4.** ______ intransigente | | **d.** democrático |
| **5.** ______ compartir | | **e.** irreconciliable |
| **6.** ______ un déspota | | **f.** ponerse en contra; no apoyar |
| **7.** ______ repentino | | **g.** que se adapta fácilmente |
| **8.** ______ totalitario | | **h.** subir al trono |
| | | **i.** después de mucho tiempo |

**2** Forma palabras.

**1.** otneimatneval ______________________________

**2.** ditocains ______________________________

**3.** iltamrecn ______________________________

**4.** uuirsmbc ______________________________

**5.** ralibo ______________________________

**6.** azarnema ______________________________

**3** Usa cada una de las palabras de la Actividad 2 en una oración original.

**1.** ______________________________

______________________________

**2.** ______________________________

______________________________

**3.** ______________________________

______________________________

Nombre ______________________ Fecha ______________

4. ______________________________

5. ______________________________

6. ______________________________

## Lectura

**4** Identifica y describe.

1. a Aníbal ______________________________

2. a don Pelayo ______________________________

3. a Fernando e Isabel ______________________________

4. a Hernán Cortés ______________________________

5. a Luis XIV ______________________________

6. a Napoleón ______________________________

Nombre ______________________ Fecha ______________

7. a Fernando VII

8. a Alfonso XIII

9. a Franco

10. a Juan Carlos I

**5** Contesta.

1. ¿Cuáles son algunos grupos que invadieron España antes del siglo XV?

2. ¿Qué significa «España se romanizó»?

3. ¿Cuándo invadieron España los moros?

Nombre ______________________ Fecha ______________

4. ¿De dónde vinieron?

5. ¿Hasta cuándo se quedaron en España?

6. ¿Qué es la Reconquista?

7. ¿Por qué establecieron los Reyes Católicos el Tribunal de la Inquisición?

8. ¿Por qué se decía en el siglo XVI que «en los dominios de España, nunca se pone el sol»?

9. ¿Qué fue la Armada?

Nombre ______________________________ Fecha ______________

**6** Explica.

1. como y por qué la corona española pasó de los Habsburgos a los Borbones

2. lo que eran las guerras Carlistas

3. algunas razones por la Guerra Civil española

4. lo que son las «comunidades autónomas»

Nombre ______________________ Fecha ______________

# Sección 2: Conocimientos para superar

## Conexión con el turismo

**7** Prepara una lista de los trabajadores hoteleros.

**8** Explica por qué un hotel grande es en realidad una ciudad en miniatura.

**9** Explica lo que es un punto de venta. ¿Por qué tiene un hotel muchos puntos de venta?

Nombre ______________________ Fecha ______________

# Sección 3: Gramática y lenguaje

## El futuro de los verbos irregulares

**10** Escribe una oración original en el futuro con cada uno de los siguientes verbos.

**1.** querer ______________________

**2.** decir ______________________

**3.** hacer ______________________

**4.** tener ______________________

**5.** salir ______________________

**6.** poner ______________________

**11** Escribe cada oración de nuevo en el futuro.

**1.** Ellos van a salir. ______________________

**2.** Yo no voy a poder esperar. ______________________

**3.** Ustedes van a tener que tener paciencia. ______________________

**4.** Yo sé que tú vas a venir. ______________________

**5.** No hay duda que él lo va a hacer. ______________________

**6.** No hay duda que tú les vas a decir algo. ______________________

Nombre ______________________ Fecha ______________

**12** Escribe con pronombres.

1. Ellos nos vendieron *el carro.*

2. Yo te contaré *el episodio.*

3. El profesor nos leyó *la leyenda.*

4. ¿Quién te dio *los sellos*?

5. Ella me explicó *la teoría.*

6. Me dio *el número de teléfono* pero no *la dirección.*

**13** Escribe una oración original con las siguientes palabras o expresiones.

1. muy poca gente

2. la mayoría

3. el resto

4. la mitad

5. una tercera parte

6. el resto del grupo

7. el recepcionista o el maletero

Nombre ______________________ Fecha ______________

# Sección 4: Literatura

## Vocabulario para la lectura

**14** Contesta.

1. ¿Quién es un(a) madrugador(a)?

______________________________________________

______________________________________________

2. ¿Eres madrugador(a)? ¿A qué hora te levantas?

______________________________________________

______________________________________________

3. ¿Adónde les gusta volver la mayoría de los caballos viejos o rocines?

______________________________________________

______________________________________________

4. ¿Qué hay que hacer antes de montar a caballo?

______________________________________________

______________________________________________

5. ¿A quiénes es necesario castigar?

______________________________________________

______________________________________________

6. ¿Te enfadas cuando procuras hacer algo y no tienes éxito?

______________________________________________

______________________________________________

7. ¿Se considera la insolencia un atributo o un defecto?

______________________________________________

______________________________________________

Nombre ______________________ Fecha ______________

## Lectura

***El ingenioso hidalgo don Quijote de la Mancha***
**de Miguel de Cervantes Saavedra**

**15** Contesta.

**1.** ¿Quién escribió *el Quijote*?

______________________________

______________________________

**2.** ¿Quiénes son los dos personajes principales?

______________________________

______________________________

**3.** ¿Qué es don Quijote?

______________________________

______________________________

**4.** Y, ¿qué es Sancho Panza?

______________________________

______________________________

**16** Escribe unos hechos importantes sobre la vida de Cervantes.

______________________________

______________________________

______________________________

______________________________

______________________________

**17** Contesta sobre el primer capítulo.

**1.** Según la descripción que dio Cervantes, ¿cómo comía don Quijote?

______________________________

______________________________

**2.** ¿Cómo se vestía?

______________________________

______________________________

Nombre ______________________ Fecha ______________

3. ¿Quiénes vivían en su casa?

______________________________________________

______________________________________________

4. ¿Cómo describe Cervantes a don Quijote?

______________________________________________

______________________________________________

5. ¿Cuál era el pasatiempo favorito de don Quijote?

______________________________________________

______________________________________________

6. ¿Qué hacía para comprarse más libros? ¿Qué tipo de libros?

______________________________________________

______________________________________________

7. ¿Qué le pasó a don Quijote por haber leído tantos libros de este género?

______________________________________________

______________________________________________

8. ¿Qué decidió hacerse?

______________________________________________

______________________________________________

9. ¿Qué iba a hacer?

______________________________________________

______________________________________________

10. ¿Cómo consiguió sus armas?

______________________________________________

______________________________________________

11. ¿Por qué decidió darse el nombre de don Quijote de la Mancha?

______________________________________________

______________________________________________

12. ¿Quién es Dulcinea del Toboso?

______________________________________________________________

______________________________________________________________

**18** Contesta sobre el segundo capítulo.

1. ¿A quiénes les dijo don Quijote que iba a salir?

______________________________________________________________

______________________________________________________________

______________________________________________________________

2. ¿Cuándo salió?

______________________________________________________________

______________________________________________________________

______________________________________________________________

3. Poco después de su salida, ¿de qué se dio cuenta?

______________________________________________________________

______________________________________________________________

______________________________________________________________

4. ¿Tuvo muchas aventuras don Quijote durante el primer día de su salida?

______________________________________________________________

______________________________________________________________

______________________________________________________________

5. Al anochecer, ¿cómo se hallaron don Quijote y Rocinante?

______________________________________________________________

______________________________________________________________

______________________________________________________________

Nombre ______________________ Fecha ______________

6. ¿Qué quería encontrar don Quijote?

7. ¿Qué vio no muy lejos del camino?

8. Para don Quijote, ¿qué era la venta?

9. ¿Cómo indica Cervantes que no es ningún lugar elegante al cual don Quijote está llegando?

10. ¿Por qué estaban llenas de miedo las «doncellas» que estaban en la venta?

11. ¿Por qué empezaron a reír las señoras?

Nombre ______________________ Fecha ______________

12. ¿Qué le dijo a don Quijote el dueño de la venta?

13. ¿Qué creía don Quijote que era el dueño?

14. ¿De qué les informó don Quijote a las señoras?

15. ¿Qué le dieron de comer a don Quijote?

16. ¿Qué le molestaba a don Quijote? ¿Qué tendría que recibir?

Nombre ______________________ Fecha ______________

**19** Describe según el tercer capítulo.

1. como don Quijote le pidió al ventero que le armara caballero

2. como don Quijote veló sus armas

3. la conversación que tuvieron don Quijote y el ventero sobre el dinero

4. lo que quería hacer uno de los arrieros que estaban en la venta y lo que pasó como consecuencia

5. lo que le dijo el ventero después de la «pelea» con los arrieros

6. la ceremonia que inventó el ventero para armarle caballero a don Quijote

Nombre ______________________ Fecha ______________

# Sección 6: Conexión con el inglés

## Casos particulares de concordancia verbal

**20** Escoge.

1. My teacher and her husband ______ going to Europe.
   **a.** is **b.** are

2. My teacher and her husband ______ both very nice.
   **a.** is **b.** are

3. They have two children. Both their son and daughter ______ to the same college.
   **a.** goes **b.** go

4. Neither their son nor their daughter ______ going to Europe with them.
   **a.** is **b.** are

5. Europe ______ very large.
   **a.** is **b.** are

6. The United States ______ very large.
   **a.** is **b.** are

7. They met some nice people. The people they met ______ in Spain.
   **a.** lives **b.** live

8. They have a farm in Andalusia. Cattle ______ in the fields.
   **a.** grazes **b.** graze

9. Horses ______ there too.
   **a.** grazes **b.** graze

10. I hear sirens. The police ______ coming.
    **a.** is **b.** are

Nombre ______________________ Fecha ______________

# Sección 3

**Actividad 1** **Escucha y corrige tu tarea.**

**Actividad 2** **Escucha y corrige tu tarea.**

**Actividad 3** **Escucha y escribe.**

1. ______________________
2. ______________________
3. ______________________
4. ______________________
5. ______________________
6. ______________________
7. ______________________
8. ______________________

# Sección 4

**Actividad 4** **Escucha.**

# Capítulo 7

# Movimiento poblacional

Nombre ______________________ Fecha ____________

# Sección 1: Historia y cultura

## Vocabulario para la lectura

**1** Completa.

**1.** Un ______________________ trabaja para el gobierno.

**2.** Ellos no están en contra. Van a ____________ el plan.

**3.** El baúl está ______________________. No cabe nada más.

**4.** No son de aquí. Son ______________________.

**5.** Si quiere que su plan tenga éxito, será necesario darle ______________________.

**6.** No quieren ser diferentes. Prefieren ______________________ en la comunidad.

## Lectura

**2** Explica la diferencia entre los siguientes términos.

la migración     la inmigración     la emigración

Nombre ______________________ Fecha ______________

**3** ¿Sí o no? Corrige las oraciones falsas.

1. Los indígenas de las Américas inmigraron de Europa.

______________________________

______________________________

2. La mayoría de los primeros inmigrantes a Estados Unidos llegaban del norte y del oeste de Europa.

______________________________

______________________________

3. La mayoría de estos inmigrantes eran católicos y hablaban español.

______________________________

______________________________

4. Al mismo tiempo que muchos inmigrantes llegaban a orillas de la América del Norte, llegaban muchos inmigrantes alemanes y polacos a la América del Sur.

______________________________

______________________________

5. A mediados de los años 1880 el patrón de inmigración empezó a cambiar y nuevos inmigrantes llegaron del norte de África.

______________________________

______________________________

6. Muchos inmigrantes a Latinoamérica se establecieron en la costa del Pacífico y en el altiplano de los Andes.

______________________________

______________________________

7. La mayoría de la gente abandonó su país por motivos políticos.

______________________________

______________________________

8. Muchos cristianos huyeron de la persecución de la que sufrían en muchas partes de Europa.

______________________________

______________________________

Nombre ______________________________ Fecha ____________________

**4** Describe como se establecieron los primeros inmigrantes en Estados Unidos. Compara lo que hicieron ellos con lo que están haciendo los inmigrantes actuales.

______________________________________________________________

______________________________________________________________

______________________________________________________________

______________________________________________________________

______________________________________________________________

**5** Contesta.

1. ¿Quiénes comprenden el mayor grupo latino de Estados Unidos?

   ______________________________________________________________

   ______________________________________________________________

2. ¿Cuándo vivían muchos mexicanos en Estados Unidos?

   ______________________________________________________________

   ______________________________________________________________

3. ¿Dónde vivían?

   ______________________________________________________________

   ______________________________________________________________

4. ¿En qué trabajaban?

   ______________________________________________________________

   ______________________________________________________________

5. ¿Dónde viven los mexicanoamericanos hoy?

   ______________________________________________________________

   ______________________________________________________________

6. ¿En qué trabajan?

   ______________________________________________________________

   ______________________________________________________________

Nombre ______________________ Fecha ______________

**6** Completa.

1. Durante ______________________ muchos puertorriqueños lucharon con las fuerzas norteamericanas.
2. En aquel entonces la economía de Puerto Rico se basaba en ______________________.
3. Las condiciones económicas en Puerto Rico eran ______________________.
4. Después de la guerra muchos puertorriqueños vinieron al ______________________ para vivir.
5. Para los puertorriqueños «el continente» se refiere a ______________________.
6. Los puertorriqueños no venían en barco. Venían en ______________________.
7. Los cubanos comenzaron a venir a Estados Unidos en ______________________.
8. Salieron de Cuba por razones ______________________.
9. En 1959 Fidel Castro derrocó al dictador ______________________.
10. Hoy en día está llegando mucha gente de los siguientes países: ______________________ ______________________.

Nombre ______________________ Fecha ______________

# Sección 2: Conocimientos para superar

## Conexión con la ciencia política

**7** Usa cada una de las siguientes expresiones o palabras en una oración original.

**1.** la ciencia política

______________________________

______________________________

______________________________

**2.** el partido político

______________________________

______________________________

______________________________

**3.** las elecciones

______________________________

______________________________

______________________________

**4.** la opinión pública

______________________________

______________________________

______________________________

**5.** el Estado

______________________________

______________________________

______________________________

**6.** la nación

______________________________

______________________________

______________________________

Nombre ____________________ Fecha ____________

**8** Describe algunos casos en los cuales hay conflictos porque el «Estado» no coincide con la «nación».

____________________

# Sección 3: Gramática y lenguaje

## Modo condicional o potencial

**9** Completa.

**1.** ____________ sirve de raíz para la formación del condicional de los verbos regulares.

**2.** Las terminaciones que se emplean para el condicional son las mismas que se emplean para ____________ de los verbos de la segunda y tercera conjugaciones.

**3.** El condicional expresa lo que ____________ bajo ciertas circunstancias.

**4.** A veces se usa el condicional para ser más ____________.

**5.** Los verbos que tienen raíz irregular en ____________, mantienen la misma irregularidad en el condicional.

Nombre ______________________ Fecha ______________

**10** Completa cada oración de una manera apropiada.

1. ______________ pero no puedo porque no me queda dinero.
2. ______________ pero será imposible porque estoy muy ocupado(a).
3. ______________ porque ellos no estarán de acuerdo.
4. ______________ pero creo que va a llover.
5. ______________ pero cuesta demasiado.
6. ______________ pero no queremos fastidiar a nuestros padres.
7. ______________ pero tengo que estudiar para un examen de matemáticas.
8. ______________ pero están a dieta.

**11** Escribe una oración en el condicional con cada uno de los siguientes verbos.

1. tener
______________
2. poder
______________
3. hacer
______________
4. decir
______________
5. salir
______________

Nombre ______________________ Fecha ______________

**12** Escribe de una manera más cortés usando el condicional.

1. Pásame la sal. ______________________

2. Repítemelo. ______________________

3. Dime dónde está la estación. ______________________

4. Dame la dirección de Carlos. ______________________

5. Hazme un favor. ______________________

6. Ven a mi fiesta. ______________________

## Dos complementos con se

**13** Contesta usando pronombres.

1. ¿Le diste el dinero a José? ______________________

2. ¿Mencionaron el problema a Teresa? ______________________

3. ¿Dieron el descuento a sus mejores clientes? ______________________

4. ¿Enviaste el regalo a tu prima? ______________________

5. ¿Vendiste el carro a tu amigo? ______________________

6. ¿Explicó el profesor la lección a todos los alumnos? ______________________

Nombre ______________________ Fecha ______________

# Sección 4: Literatura

## Vocabulario para la lectura

**14** Da la palabra cuya definición sigue.

**1.** ______________ un barco, una embarcación

**2.** ______________ ir a

**3.** ______________ pieza de lona, lienzo u otro tejido que recibe el viento para propulsar una embarcación

**4.** ______________ mover de abajo hacia arriba

**5.** ______________ temblar con movimiento agitado y súbito

## Lectura

### *Al partir* de Gertrudis Gómez de Avellaneda

**15** Contesta.

**1.** ¿Dónde nació Gertrudis Gómez de Avellaneda?

______________________________

**2.** ¿Cuándo nació?

______________________________

**3.** ¿A qué edad empezó a escribir poesía?

______________________________

**4.** ¿Cuándo murió su padre?

______________________________

**5.** ¿Con quién se casó su madre después de la muerte de su padre?

______________________________

**6.** ¿Adónde llevó él a la familia?

______________________________

**7.** ¿Cómo hicieron el viaje?

______________________________

**8.** ¿De dónde salieron?

______________________________

**16** Completa.

1. Un soneto consta de ______________________.
2. Están divididos en ______________________ y ______________________.
3. Un soneto trata de un solo ______________________.

**17** Trata de completar el soneto sin buscar las palabras que faltan.

«¡______(1)______ del mar! ¡______(2)______ de

Occidente!

¡Hermosa ______(3)______! Tu brillante

______(4)______

la noche cubre con su opaco velo

como cubre el ______(5)______ mi triste frente.

...

¡______(6)______, patria feliz, edén ______(7)______!

¡Doquier que el hado en su furor me impela,

tu dulce ______(8)______ halagará mi oído!»

## Vocabulario para la lectura

**18** Completa cada palabra con la(s) letra(s) que falta(n).

1. gu______ano
2. poli______a
3. a______ero
4. ______ormiga

Nombre ______________________ Fecha ______________

# Lectura

***El campesino quiere ir al otro lado* de J.W. Rivers**

**19** Describe en tus propias palabras lo que ves y sientes al leer *El campesino quiere ir al otro lado.*

# Vocabulario para la lectura

**20** Contesta.

1. ¿Qué vende el joyero?
2. ¿Cuál es el resultado de muchas guerras?
3. ¿Qué vuela de flor en flor?
4. ¿Alguien te ha engañado una vez? Explica.

Nombre ____________________ Fecha ____________

# Lectura

## *Versos sencillos* de José Martí

**21** Corrige las oraciones falsas.

1. José Martí nació en España.

2. Sus padres eran italianos.

3. Él estudió derecho en Estados Unidos.

4. Él odió a España.

5. Él estaba en favor de la política de España.

6. Él pasó toda su vida en Cuba.

7. Residió catorce años en México.

8. Él trabajó como abogado y político.

Nombre ______________________ Fecha ______________

**22** Explica.

1. lo que significa: Martí quería ver a una Cuba libre

2. por qué diría Martí «De América soy hijo»

**23** Aprende de memoria las dos primeras estrofas de este poema. Escríbelas aquí.

**24** Escribe en tus propias palabras el mensaje del poeta.

Nombre ______________________ Fecha ______________

# Sección 6: Conexión con el inglés

## El modo potencial o condicional

**25** Completa.

**1–2.** La palabra ______________ es el verbo auxiliar o «modal» que se usa en inglés para ______________ el condicional.

**3.** Igual que en español el condicional expresa algo que ______________ si no fuera por otra cosa.

**26** Escribe cinco oraciones en inglés usando el condicional.

**1.** ______________________________

**2.** ______________________________

**3.** ______________________________

**4.** ______________________________

**5.** ______________________________

Nombre ______________________ Fecha ______________

# Sección 1

**Actividad 1** **Escucha.**

**Actividad 2** **Escucha y corrige.**

1. La migración es algo nuevo.

______________________________

2. La mayoría de los primeros inmigrantes a Estados Unidos vinieron de España, Italia y Portugal.

______________________________

3. En el siglo XIX había muchos inmigrantes que venían a EE.UU. pero no había inmigrantes en Latinoamérica.

______________________________

4. Después de 1880 había un cambio en el patrón de inmigración.

______________________________

5. La vida para los que llegaban del este y del sur de Europa era más difícil porque no hablaban inglés y no eran protestantes.

______________________________

6. La mayoría de los inmigrantes a Latinoamérica vivían en ciudades cerca de la costa.

______________________________

7. Mucha gente emigró por razones económicas, religiosas y políticas.

______________________________

8. La mayoría de los inmigrantes llegaban en avión.

______________________________

9. Muchos de ellos sabían que nunca volverían a ver a sus parientes.

______________________________

10. La mayoría de los inmigrantes venían de zonas urbanas y se establecían en zonas rurales en su nuevo país.

______________________________

11. Las iglesias y las sinagogas eran muy importantes para los nuevos inmigrantes porque allí se hacía todo como se hacía en casa y se sentían cómodos.

______________________________

Nombre ______________________ Fecha ______________

# Sección 3

**Actividad 3** **Escucha y corrige tu tarea.**

**Actividad 4** **Escucha y corrige tu tarea.**

**Actividad 5** **Escucha, repite y escribe.**

1. ______________________
2. ______________________
3. ______________________
4. ______________________
5. ______________________
6. ______________________
7. ______________________
8. ______________________

**Actividad 6** **Escucha, repite y escribe.**

1. zona
2. Cuba
3. continente
4. casa
5. forastero
6. bodega
7. repleto
8. inmigrante
9. integrar
10. emperador
11. llegado
12. habitante

**Actividad 7** **Escucha, repite y escribe.**

1. silaba
2. tonica
3. publico
4. unico
5. portugues
6. patron
7. comenzo
8. catolico
9. forasteros
10. Latinoamerica
11. comun
12. comunidad
13. etnico
14. industriales
15. lingüistico
16. Mexico
17. geografico
18. politico

Nombre ______________________ Fecha ____________

# Sección 4

**Actividad 8** **Escucha.**

**Actividad 9** **Escucha y completa.**

1. La poeta sale de ____________.
2. Sale en ____________.
3. Sale de ____________; no por la mañana.
4. Una ____________ les hace mover.
5. Ella le dice «____________» a su patria.

**Actividad 10** **Escucha.**

**Actividad 11** **Escucha y escoge.**

| | CORRECTO | INCORRECTO |
|---|---|---|
| 1. Es un campesino que habla. | ❑ | ❑ |
| 2. Les habla a otros campesinos. | ❑ | ❑ |
| 3. Les dice que no dejen su casa. | ❑ | ❑ |
| 4. Les dice que vayan a ganar dinero en otro lugar. | ❑ | ❑ |
| 5. Dice que adonde van es fácil encontrar trabajo. | ❑ | ❑ |
| 6. Dice que serán muy pocos los campesinos que van a trabajar allí. | ❑ | ❑ |

Nombre ______________________ Fecha ______________

**Actividad 12** **Escucha.**

**Actividad 13** **Escucha y completa.**

«Yo ______________ un hombre sincero
de donde crece la ______________;
y antes de morirme, quiero
echar mis ______________ del alma.

Yo ______________ de ______________ partes
y ______________ todas partes voy:
______________ soy entre las artes:
en los montes, ______________ soy.

. . .

Si dicen que del joyero
tome la ______________ mejor,
tomo a un ______________ sincero
y pongo a un lado el ______________.»

# Capítulo 8

## El bienestar

Nombre ______________________ Fecha ______________

# Sección 1: Historia y cultura

## Lectura

**1** ¿Sí o no? Corrige las oraciones falsas.

**1.** El inglés es una lengua romance.

______________________________

______________________________

**2.** El inglés no es una lengua romance pero tiene palabras de origen latino.

______________________________

______________________________

**3.** Una lengua romance es una lengua que se deriva del griego.

______________________________

______________________________

**4.** La familia romance consta de diez lenguas nacionales.

______________________________

______________________________

**5.** De algunas lenguas nacen unos dialectos.

______________________________

______________________________

**6.** El rumano es un dialecto.

______________________________

______________________________

**7.** La fonética es la gramática.

______________________________

______________________________

**8.** El francés y el español no tienen muchas diferencias fonéticas.

______________________________

______________________________

9. La estructura rumana es muy diferente de la estructura española.

______________________________________________

______________________________________________

10. En la gramática todas las lenguas romances tienen el género masculino.

______________________________________________

______________________________________________

**2** Completa.

1. En español, portugués e italiano la mayoría de los sustantivos masculinos terminan en ______________ y los femeninos terminan en ______________.
2. En latín no había artículo ______________.
3. En las lenguas romances la ______________ indica el sujeto del verbo.
4. Se habla ______________ en Brasil.
5. En ______________ hay que expresar el sujeto. No existe el sujeto tácito.

**3** Identifica.

1. las lenguas romances

______________________________________________

______________________________________________

2. dos dialectos que nacen del español

______________________________________________

______________________________________________

3. dos lenguas que un hispanohablante podría leer sin mucha dificultad

______________________________________________

______________________________________________

4. una lengua romance que sería casi imposible que un hispanohablante la entendiera sin haberla estudiado

______________________________________________

______________________________________________

Nombre ______________________ Fecha ______________

# Sección 2: Conocimientos para superar

## Conexión con la salud

**4** Explica.

**1.** lo que es la salud mental o emocional

______________________________

______________________________

______________________________

**2.** la jerarquía de necesidades de Abraham Maslow

______________________________

______________________________

______________________________

**3.** lo que es la necesidad de seguridad

______________________________

______________________________

______________________________

**4.** lo que significa la autosuperación

______________________________

______________________________

______________________________

**5.** lo que es la personalidad

______________________________

______________________________

______________________________

**6.** lo que es tu medio ambiente

______________________________

______________________________

______________________________

Nombre ______________________ Fecha ______________

**5** Contesta.

1. ¿Cuáles son algunas características de personas que tienen buena salud mental?

_______________

_______________

2. ¿Cuáles son algunas necesidades físicas?

_______________

_______________

3. ¿Heredamos rasgos de la personalidad de nuestros antepasados biológicos?

_______________

_______________

4. ¿Quiénes son nuestros antepasados biológicos?

_______________

_______________

5. ¿Qué significa «El aspecto de tu personalidad sobre el que tienes mayor control es tu conducta»?

_______________

_______________

**6** Comenta.

1. La mayoría de nosotros siente la necesidad de ser apreciado, de ser valorado en lo personal por la familia, los amigos y pares. ¿Estás de acuerdo con este comentario? ¿Qué haces para satisfacer esta necesidad?

_______________

_______________

2. Los maestros pueden examinar a los estudiantes de acuerdo al modo en que cada uno aprende mejor, es decir, mediante la vista, el oído o haciendo algo. ¿Estás de acuerdo o no? ¿Crees que tus maestros deben usar métodos múltiples para satisfacer las diferentes modalidades del aprendizaje?

_______________

_______________

Nombre ________________________________ Fecha ____________________

**7** Parea.

1. ______ reconocer tu valor e importancia, permitiéndote lograr metas
2. ______ poder ver lo bueno de las cosas
3. ______ tener confianza en ti mismo(a)
4. ______ tener confianza para poder actuar independientemente
5. ______ necesitar interactuar con otras personas
6. ______ el conjunto de características que le hace única a una persona
7. ______ el esfuerzo por lograr lo mejor

**a.** la personalidad
**b.** el sentido de propósito
**c.** la autosuperación
**d.** la autonomía
**e.** la autoestima positiva
**f.** la perspectiva positiva
**g.** el sentido de pertenencia

**8** Parea los antónimos.

1. ______ fortalezas
2. ______ de riesgo
3. ______ personal
4. ______ ascendente
5. ______ seguridad

**a.** colectivo
**b.** peligro
**c.** debilidades
**d.** seguro
**e.** descendente

**9** Parea los sinónimos.

1. ______ receptivos
2. ______ la diversión
3. ______ lastimar
4. ______ los talentos
5. ______ básico
6. ______ impedir

**a.** dañar
**b.** fundamental
**c.** flexibles
**d.** no permitir
**e.** el entrenamiento
**f.** las habilidades

Nombre ______________________ Fecha ______________

# Sección 3: Gramática y lenguaje

## Presente perfecto

**10** Da el participio pasado.

1. estudiar ____________
2. salir ____________
3. regresar ____________
4. ir ____________
5. aprender ____________
6. pedir ____________
7. poder ____________
8. empezar ____________
9. tener ____________
10. leer ____________

**11** Da el infinitivo.

1. cubierto ____________
2. abierto ____________
3. roto ____________
4. vuelto ____________
5. frito ____________
6. visto ____________
7. escrito ____________
8. dicho ____________
9. puesto ____________
10. muerto ____________

Nombre ______________________ Fecha ______________

**12** Escribe en el presente perfecto.

1. Comemos mucho. ______________________

2. Le escribo. ______________________

3. Ellos salen. ______________________

4. ¿Tú regresas hoy? ______________________

5. ¿Quién lo rompe? ______________________

6. Ellos abren la puerta. ______________________

7. Hablo con José. ______________________

8. Tú lo haces. ______________________

9. ¿Quién te lo dice? ______________________

10. Ella nos visita. ______________________

**13** Escribe una oración original con cada una de las siguientes expresiones.

1. ya ______________________

2. hasta ahora no ______________________

Nombre ______________________ Fecha ______________

3. todavía no ______________________

4. nunca ______________________

5. jamás en mi vida ______________________

6. hoy ______________________

7. esta mañana ______________________

## Comparativo de igualdad

**14** Escribe una sola oración usando el comparativo de igualdad.

1. Ella tiene dinero. Su amigo tiene dinero.

2. Madrid es grande. Barcelona es grande.

3. Santa Clara tiene 100.000 habitantes. Santa Eulalia tiene 100.000 habitantes.

4. Yo siempre tengo suerte. Él tiene suerte también.

5. Este restaurante es popular. El otro es popular también.

6. La Ciudad de México tiene mucha contaminación. Los Ángeles tiene mucha contaminación también.

_______________________________________________

_______________________________________________

7. Yo estoy contento(a). Él está contento también.

_______________________________________________

_______________________________________________

8. Él habla despacio. Ella habla despacio también.

_______________________________________________

_______________________________________________

9. Yo tengo muchos problemas. Ella tiene muchos problemas también.

_______________________________________________

_______________________________________________

10. Ella trabaja duro. Nosotros trabajamos duro también.

_______________________________________________

_______________________________________________

## Repaso de los diptongos

**15** Contesta.

1. ¿En qué se dividen las vocales?

_______________________________________________

_______________________________________________

2. ¿Cuáles son las vocales fuertes?

_______________________________________________

_______________________________________________

3. ¿Cuáles son las vocales débiles?

_______________________________________________

_______________________________________________

Nombre _______________ Fecha _______________

**4.** ¿Qué es un diptongo?

**5.** ¿Se puede enlazar dos vocales débiles para formar un diptongo?

**6.** ¿Se puede enlazar dos vocales fuertes para formar un diptongo?

**7.** ¿Se puede enlazar una vocal débil y una vocal fuerte para formar un diptongo?

**8.** ¿De qué constan dos vocales fuertes?

# Sección 4: Literatura

## Vocabulario para la lectura

**16** ¿Sí o no? Corrige las oraciones falsas.

**1.** Una planilla es un plano de una ciudad.

**2.** El zumbido es un ruido tranquilizante.

**3.** Una impertinencia es algo que indica respeto.

**4.** Una clínica es un gran hospital público.

Nombre ______________________ Fecha ______________

5. Un joven mocoso es muy modesto. ______________

6. El resentido se considera agraviado u ofendido. ______________

## Lectura

### *La señorita Cora* de Julio Cortázar

**17** Contesta.

1. ¿De qué nacionalidad es Cortázar?

2. ¿Dónde nació?

3. ¿Cuándo vivió en Buenos Aires?

4. ¿Qué hizo en 1951? ¿Por qué?

5. ¿Dónde vivió?

6. ¿Hasta cuándo vivió allí?

Nombre ______________________ Fecha ______________

7. ¿Por qué surgió una controversia sobre Cortázar?

**18** Describe como ves a los siguientes personajes de *La señorita Cora.*

1. a la madre del joven

2. al joven

3. a la joven enferma

**19** Da algunos ejemplos de como la madre mima a su hijo.

**20** Comenta sobre el estilo del autor en este cuento. ¿Lo encontraste fácil o difícil leerlo? ¿Por qué?

Nombre ______________________ Fecha ______________

## Vocabulario para la lectura

**21** Forma una palabra y úsala en una oración original.

**1.** udor

______________________________

**2.** mncrdoeeii

______________________________

**3.** zaf

______________________________

**4.** llafido

______________________________

**5.** aaaccrrii

______________________________

## Lectura

### *En paz* de Amado Nervo

**22** Corrige las oraciones falsas.

**1.** Amado Nervo nació en España.

______________________________

**2.** Estudió para abogado.

______________________________

**3.** Entró en el servicio militar.

______________________________

**4.** Pasó toda su vida en su país natal.

______________________________

Nombre ______________________ Fecha ______________

5. Él sirvió de embajador de México en Argentina.

_______________________________________________

6. Él murió en Argentina.

_______________________________________________

7. Escribió en varios géneros literarios, pero se destacó como novelista.

_______________________________________________

**23** Trata de completar el poema sin buscar las palabras suprimidas.

«Muy cerca de mi ______(1)______, yo te bendigo,
______(2)______,
porque nunca me diste ni ______(3)______ fallida
ni trabajos ______(4)______, ni pena inmerecida;
porque veo al ______(5)______ de mi rudo camino
que yo fui el ______(6)______ de mi propio destino;
que si extraje las mieles o la ______(7)______ de la cosas,
fue porque en ellas puse ______(8)______ o mieles
______(9)______;
cuando planté rosales, coseché siempre ______(10)______.

...Cierto, a mis lozanías va a seguir el invierno;
¡mas tú no me dijiste que ______(11)______ fuese eterno!
Hallé sin duda ______(12)______ las noches de mis penas;
mas no me ______(13)______ tú sólo noches
______(14)______;
y en cambio tuve algunas santamente ______(15)______...
______(16)______, fui amado, el sol acarició mi
______(17)______,
¡Vida, nada me debes! ¡Vida, estamos en paz!»

Nombre ______________________________ Fecha ______________

# Lectura

## *El viaje definitivo* de Juan Ramón Jiménez

**24** Identifica.

1. donde nació Juan Ramón Jiménez

______________________________

______________________________

2. la niñez de Juan Ramón

______________________________

______________________________

3. la esposa de Jiménez

______________________________

______________________________

4. por qué se desterró Juan Ramón Jiménez

______________________________

______________________________

5. donde pasó sus últimos años

______________________________

______________________________

6. algunas características de la poesía de Juan Ramón Jiménez

______________________________

______________________________

**25** En tus propias palabras, escribe un resumen de *El viaje definitivo.*

______________________________

______________________________

______________________________

______________________________

______________________________

______________________________

Nombre ______________________ Fecha ______________

# Sección 6: Conexión con el inglés

## Presente perfecto

**26** Completa con la forma apropiada del verbo indicado.

1. We have ______________ here all our lives. (live)
2. They have ______________. (speak)
3. He hasn't ______________ to a word you said. (listen)
4. Have you ______________ hard enough? (try)
5. His friends have ______________ here a long time. (be)
6. He has never ______________ his arm. (break)
7. No, they haven't ______________ it yet. (buy)
8. It has ______________ him a lot of money. (cost)
9. Those two have ______________ for years. (fight)
10. What have you ______________ now? (do)
11. I'm sure they have ______________. (forget)
12. Where have they ______________? (go)
13. They have ______________ a very nice life together. (have)
14. What have you ______________? (hear)
15. We have ______________ it for some time. (know)
16. I think you have ______________ a very good choice. (make)
17. Have you ______________ his new car? Has he ______________ it to you? (see, show)
18. They haven't ______________ yet. (sing)
19. I'm sure they have ______________ it down. (tear)
20. I have already ______________ the letter. (write)

Nombre ______________________ Fecha ______________

## Comparativo de igualdad

**27** Forma una sola oración.

1. He is tall. His sister is tall, too.

   ______________________________

2. This class is big. The other class is big, too.

   ______________________________

3. He's smart. I'm smart, too.

   ______________________________

4. We work hard. They work hard, too.

   ______________________________

**28** Indica si los siguientes son *count nouns* o *noncount nouns.*

1. chicken ______________________________
2. poultry ______________________________
3. meat ______________________________
4. steak ______________________________
5. land ______________________________
6. field ______________________________
7. money ______________________________
8. dollar ______________________________
9. suitcase ______________________________
10. package ______________________________
11. mail ______________________________
12. letter ______________________________
13. milk ______________________________
14. book ______________________________

Nombre ______________________ Fecha ______________

**29** Escribe tres oraciones con *as many . . . as* y tres oraciones con *as much . . . as.*

**1.** ______________________

______________________

**2.** ______________________

______________________

**3.** ______________________

______________________

**4.** ______________________

______________________

**5.** ______________________

______________________

**6.** ______________________

______________________

Nombre ______________________ Fecha ______________

# Sección 3

**Actividad 1** **Escucha y corrige tu tarea.**

**Actividad 2** **Escucha y repite.**

**Actividad 3** **Escucha y repite.**

**Actividad 4** **Escucha y escribe.**

1. ______________________
2. ______________________
3. ______________________
4. ______________________

# Sección 4

**Actividad 5** **Escucha.**

**Actividad 6** **Escucha.**

**Actividad 7** **Escucha y escribe.**

1. arquitecto destino

______________________

______________________

2. rosales rosas

______________________

______________________

3. el invierno mayo

______________________

______________________

4. vida

______________________

______________________

Nombre ______________________ Fecha ______________

**Actividad 8** **Escucha.**

**Actividad 9** **Escucha y escribe.**

# Capítulo 9

# Campo y ciudad

Nombre ______________________ Fecha ______________

# Sección 1: Historia y cultura

## Vocabulario para la lectura

**1** Explica la diferencia entre el terrateniente y el peón.

______________________________________________

______________________________________________

______________________________________________

**2** Completa.

1. Si quieres que crezcan bien las plantas, tienes que usar los ______________.
2. Lavar los cristales de las ventanas de un rascacielos es un trabajo ______________.
3. Los obreros y trabajadores proveen la ______________.
4. Terminan todo en muy poco tiempo. Trabajan de manera ______________.
5. Los trabajadores son competentes y trabajan ______________.

## Lectura

**3** Contesta.

1. ¿A qué se parecían las ciudades que establecían los colonos españoles en Latinoamérica?

______________________________________________

______________________________________________

______________________________________________

2. ¿Qué era la Plaza de Armas? Y, ¿cómo era?

______________________________________________

______________________________________________

______________________________________________

Nombre ______________________ Fecha ______________

3. ¿Dónde vivía la gente más humilde y cómo eran sus casas?

4. ¿Cómo han cambiado las ciudades latinoamericanas en la época moderna?

5. ¿Cómo son los nuevos suburbios?

**4** Explica.

1. El monocultivo es muy peligroso. ¿Por qué?

2. la diferencia entre «latifundio» y «minifundio»

3. El movimiento migratorio del campo a la ciudad continúa. ¿Por qué?

Nombre ______________________ Fecha ______________

**5** ¿Sí o no?

1. ______ En la sociedad colonial había mucha igualdad social.
2. ______ Hay una mezcla de edificios comerciales y residenciales en la misma zona de una ciudad latinoamericana.
3. ______ Las revoluciones en Latinoamérica han quitado tierras de las manos de los grandes terratenientes.
4. ______ La división de la tierra en minifundios ha resuelto todos los problemas agrícolas.
5. ______ El mayor problema con el cual se enfrentan los países latinoamericanos es la sobrepoblación.

**6** Explica.

Al instalarse en las Américas, los españoles querían establecer el mismo sistema de tierra que tenían en Europa.

**7** Describe los arrabales que existen en las afueras de casi todas las ciudades latinoamericanas.

Nombre ______________________ Fecha ______________

# Sección 2: Conocimientos para superar

## Conexión con la ecología

**8** Usa cada uno de los siguientes términos en una oración original.

**1.** la ecología ______________________

**2.** represar ______________________

**3.** talar ______________________

**4.** recursos naturales ______________________

**5.** renovable ______________________

**6.** no renovable ______________________

**7.** extinto ______________________

**8.** en peligro de extinción ______________________

**9.** la contaminación ______________________

**10.** los desechos ______________________

**9** Contesta.

**1.** ¿Cuáles son algunos recursos naturales renovables?

______________________

Nombre ______________________ Fecha ______________

2. ¿Cuáles son algunos recursos naturales no renovables?

3. ¿Cuál es la diferencia entre un organismo extinto y un organismo en peligro de extinción?

4. ¿Para qué quemamos combustibles?

5. ¿Qué es la lluvia ácida?

6. ¿Qué es el reciclaje?

**10** Explica.

¿Qué haces tú personalmente para tratar de aliviar algunos de los problemas ecológicos?

Nombre ______________________ Fecha ______________

# Sección 3: Gramática y lenguaje

## Imperfecto progresivo

**11** Completa.

1. p______diendo
2. constru______endo
3. d______rmiendo
4. d______ciendo
5. o______endo
6. rep______tiendo
7. s______rviendo
8. fr______endo

**12** Contesta según el modelo.

**¿Por qué no podías asistir? (trabajar) →**
**Estaba trabajando en el jardín.**

1. ¿Por qué no podían ellos asistir? (viajar)

______________________________

______________________________

2. ¿Por qué no podías asistir? (dormir)

______________________________

______________________________

3. ¿Por qué no podían ustedes asistir? (hacer otra cosa)

______________________________

______________________________

Nombre ______________________ Fecha ______________

## Colocación de los pronombres de complemento

**13** Contesta con pronombres.

**1.** ¿Vas a visitar los arrabales en las afueras?

______________________________________________

______________________________________________

**2.** ¿Estarás hablando a las autoridades?

______________________________________________

______________________________________________

**3.** ¿Podrás ayudar a los habitantes necesitados?

______________________________________________

______________________________________________

**4.** ¿Ya han patrocinado ustedes los proyectos ecológicos?

______________________________________________

______________________________________________

**5.** ¿Van a darles la ayuda necesaria los administradores?

______________________________________________

______________________________________________

**6.** ¿Estaban ellos discutiendo sus planes?

______________________________________________

______________________________________________

**7.** ¿Los estaban describiendo a los habitantes?

______________________________________________

______________________________________________

**8.** ¿Estaban distribuyendo los folletos a los habitantes?

______________________________________________

______________________________________________

Nombre ______________________ Fecha ______________

## Letras mayúsculas

**14** Corrige las siguientes oraciones. Sé buen(a) redactor(a).

1. lunes es el primer día de la semana.

______________________________

______________________________

2. yo voy el lunes.

______________________________

______________________________

3. la sra. salas es muy simpática.

______________________________

______________________________

4. vamos a pasar el verano en españa.

______________________________

______________________________

5. la capital de perú es lima.

______________________________

______________________________

6. el lago titicaca es el lago navegable más alto del mundo.

______________________________

______________________________

7. el mar mediterráneo está al sur y al este de españa.

______________________________

______________________________

8. calderón de la barca escribió *la vida es sueño.*

______________________________

______________________________

Nombre ______________________ Fecha ______________

# Sección 4: Literatura

## Vocabulario para la lectura

**15** Forma una palabra.

1. ______________ ddsmmseuernaeeta
2. ______________ jabico
3. ______________ tiplacá
4. ______________ viádo
5. ______________ moraseas
6. ______________ radepsoh
7. ______________ bomur
8. ______________ aiaonsps

**16** Da un sinónimo.

1. ______________ persistente
2. ______________ voraz
3. ______________ la manta
4. ______________ absoluto
5. ______________ aparecer
6. ______________ la charla

**17** En tus propias palabras, explica el significado de cada una de las palabras de la Actividad 16.

1. ______________________________
2. ______________________________
3. ______________________________
4. ______________________________
5. ______________________________
6. ______________________________

Nombre ______________________________ Fecha ______________

# Lectura

## *Ojerosa y pintada* de Agustín Yáñez

**18** Contesta.

1. ¿Qué tenía el joven y qué hacía en la calle de Netzahualcóyotl?

2. ¿De qué platicaba con el chófer?

3. ¿Cómo se resolvió la plática?

4. ¿Dónde se sentó el joven?

5. ¿De dónde era el joven?

6. ¿Para qué se había preparado?

7. ¿Qué le interesó mucho al joven?

8. ¿Conocía él la Ciudad de México?

9. ¿Qué dijo el joven al ver los montones de periódicos?

10. ¿Dónde dejó el chófer al joven?

## Lectura

### *Ya están ahí las carretas* de Juan Ramón Jiménez

**19** Contesta.

1. ¿Qué llevan las carretas?

2. ¿Se dirigen hacia el bosque o vuelven del bosque?

3. ¿Por qué huelen a cementerio los campos?

**20** Explica.

1. ¿Cuáles son las alusiones que hace el poeta a la destrucción de los árboles?

2. ¿Qué alusiones hace el poeta a la hora del día?

3. ¿Qué significa «campos talados»?

Nombre ______________________ Fecha ______________

# Sección 6: Conexión con el inglés

## Demostrativos

**21** Completa con la forma apropiada de *this* o *that.*

1. ______________ book here is interesting. So are ______________ magazines on this table (here).
2. Can you see ______________ photo over there? All of ______________ photos on the table (over there) are Susan's.
3. Do you think ______________ photo here is prettier than ______________ one over there?

**22** Escribe en el plural.

1. This novel is more interesting than that one.

______________________________

2. That painting is more detailed than this one.

______________________________

3. This one is newer than that one.

______________________________

Nombre ______________________________ Fecha ______________

# Sección 1

**Actividad 1** **Escucha.**

**Actividad 2** **Escucha y escoge.**

| | CORRECTA | INCORRECTA |
|---|---|---|
| 1. Se establecían ciudades en muy pocas partes de Latinoamérica durante la época colonial. | ❑ | ❑ |
| 2. Las ciudades latinoamericanas de esa época se parecían mucho a las ciudades españolas. | ❑ | ❑ |
| 3. La plaza estaba en el centro de la ciudad y era un lugar importante. | ❑ | ❑ |
| 4. Las casas de la plaza tenían cinco pisos. | ❑ | ❑ |
| 5. Las clases más humildes vivían en las casas que rodeaban la plaza. | ❑ | ❑ |
| 6. Los indígenas y los no-indígenas vivían en las mismas vecindades. | ❑ | ❑ |
| 7. Las ciudades latinoamericanas han cambiado mucho. | ❑ | ❑ |
| 8. En muchas ciudades latinoamericanas los edificios comerciales y residenciales se encuentran en la misma zona. | ❑ | ❑ |
| 9. Hoy en día hay muy pocos suburbios en Latinoamérica. | ❑ | ❑ |
| 10. Los suburbios nuevos ofrecen a los residentes muchas comodidades y muchos servicios. | ❑ | ❑ |

**Actividad 3** **Escucha.**

Nombre ______________________ Fecha ______________

**Actividad 4** **Escucha y escribe.**

______________________________________________

______________________________________________

______________________________________________

______________________________________________

______________________________________________

______________________________________________

______________________________________________

______________________________________________

______________________________________________

# Sección 3

**Actividad 5** **Escucha y corrige tu tarea.**

**Actividad 6** **Escucha y corrige tu tarea.**

# Sección 4

**Actividad 7** **Escucha y escribe.**

______________________________________________

______________________________________________

______________________________________________

______________________________________________

______________________________________________

______________________________________________

______________________________________________

______________________________________________

______________________________________________

______________________________________________

**Actividad 8** **Escucha.**

# Capítulo 10

## El arte de comer

Nombre ______________________ Fecha ______________

# Sección 1: Historia y cultura

## Vocabulario para la lectura

**1** Completa.

1. Una ______________ de maíz tiene ______________.
2. Hay que ______________ el maíz para hacer la masa con que se elaboran tortillas, tamales, etc.
3. Para hacerlo es necesario usar una ______________ y un ______________.
4. A veces se usa el cacahuete o el chocolate para ______________ una salsa.

## Lectura

**2** Escribe una lista de productos indígenas de las Américas.

______________________________

______________________________

______________________________

______________________________

**3** Contesta.

1. ¿Cómo se sabe que el cacahuete es un producto de las Américas?

   ______________________________

   ______________________________

2. ¿Quiénes usaban el cacahuete en la elaboración de su comida?

   ______________________________

   ______________________________

3. ¿Qué hacían con los cacahuetes antes de comerlos?

   ______________________________

   ______________________________

Nombre ______________________ Fecha ______________

4. ¿Para qué otro propósito servían los cacahuetes?

5. ¿Cómo se introdujeron los cacahuetes en África y Asia?

**4** Escribe a lo menos tres oraciones sobre cada uno de los siguientes productos.

1. la papa

2. el tomate

3. el maíz

4. el chocolate

Nombre ______________________ Fecha ______________

# Sección 2: Conocimientos para superar

## Conexión con las matemáticas

**5** Contesta.

**1.** ¿Cuál es la diferencia entre una variable y un término?

______________________________

______________________________

______________________________

**2.** ¿Cuál es la diferencia entre una expresión y una ecuación?

______________________________

______________________________

______________________________

**3.** ¿Cuál es la diferencia entre un número negativo y un número positivo?

______________________________

______________________________

**4.** ¿Cuál es la diferencia entre un factor y un cociente?

______________________________

______________________________

**6** Expresa lo siguiente en palabras.

**1.** $n + 8$

______________________________

**2.** $n - 8$

______________________________

**3.** $n \times 8$

______________________________

**4.** $\frac{n}{8}$

______________________________

**5.** $5(6)$ o $5 \cdot 6$

______________________________

Nombre ______________________ Fecha ______________

6. $6(7) + 10$

7. $6(8) - 4$

8. $5n - 4 = n + 12$

9. $4^2$

10. $4^5$

11. $\sqrt{64}$

**7** Dibuja.

1. un punto
2. una recta
3. un rayo
4. un ángulo
5. un triángulo

**8** Contesta.

1. ¿En qué se miden los ángulos?

2. ¿Cuál es la suma de los ángulos de un cuadrilátero?

3. ¿Pueden tener varias formas los cuadriláteros o tienen todos la misma forma?

Nombre ______________________ Fecha ______________

4. ¿Cuál es la diferencia entre un rectángulo y un cuadrado?

5. ¿Qué es el perímetro?

6. ¿Qué es el área?

7. ¿En qué se mide el área?

8. ¿Cuál es la diferencia entre un polígono y un círculo?

9. ¿Cuál es la diferencia entre el radio y el diámetro?

10. ¿Qué es la circunferencia?

11. ¿Qué mide la circunferencia de un círculo?

Nombre ______________________ Fecha ______________

**9** Expresa las siguientes ecuaciones en palabras.

1. $2r = d$

______________________________

2. $c = \pi d$

______________________________

3. $A = \pi r^2$

______________________________

# Sección 3: Gramática y lenguaje

## Imperativo formal

**10** Contesta.

1. ¿Qué es el imperativo?

______________________________

______________________________

2. ¿Qué sirve de raíz para la formación del imperativo formal?

______________________________

______________________________

3. ¿Qué se suprime para formar la raíz?

______________________________

______________________________

4. ¿Cuál es la vocal que se usa para el imperativo de los verbos de la primera conjugación?

______________________________

______________________________

5. ¿Cuál es la vocal que se usa para el imperativo de los verbos de la segunda y la tercera conjugaciones?

______________________________

______________________________

**11** Explica lo siguiente usando la forma formal del imperativo.

**1.** como ir de tu escuela a tu casa

**2.** como preparar un plato (o una comida) que a tu familia le gusta

## Conjunciones

**12** Escribe.

**1.** dos oraciones con la conjunción **y**

**2.** dos oraciones con la conjunción **e**

**3.** dos oraciones con la conjunción **o**

**4.** dos oraciones con la conjunción **u**

Nombre ______________________ Fecha ______________

# Sección 4: Literatura

## Vocabulario para la lectura

**13** Da un ejemplo de cada uno de los siguientes comportamientos.

**1.** una travesura

______________________

______________________

**2.** la hipocresía

______________________

______________________

**3.** la torpeza

______________________

______________________

**14** Expresa de otra manera.

**1.** *El que da la función* escribe a sus *invitados*.

______________________

**2.** Estaba *muy alegre, lleno(a) de júbilo*.

______________________

**3.** Él lo hizo *automáticamente*, sin haber pensado en ello.

______________________

**4.** ¡Qué *tumulto*!

______________________

**5.** Le salió *de manera provechosa*.

______________________

**6.** Yo sé que van a *tener una disputa*.

______________________

Nombre ______________________________ Fecha ______________

**15** Completa.

1. Él ______________________ no tiene mucha inteligencia.
2. Él cojo ______________________.
3. Él me dio una mirada ______________________. Yo sé que estaba ocultando algo.
4. Él es muy sabio, muy ______________________.
5. Hay una diferencia entre lo que él ______________________, y lo que es la realidad.

## Lectura

### *El castellano viejo* de Mariano José de Larra

**16** Contesta.

1. ¿Por qué no era feliz la infancia de Larra?

______________________________________________

______________________________________________

2. ¿Cómo es que él olvidó su propia lengua?

______________________________________________

______________________________________________

3. ¿Qué hizo el joven Larra al volver a España?

______________________________________________

______________________________________________

4. ¿Por qué no era feliz en su vida de adulto?

______________________________________________

______________________________________________

5. ¿Qué profesión ejerció?

______________________________________________

______________________________________________

6. ¿A qué ridiculiza en sus artículos?

______________________________________________

______________________________________________

Nombre ______________________ Fecha ______________

**17** Contesta.

¿Te gustó este artículo de Larra o no? ¿Por qué?

**18** Contesta.

¿Qué simboliza el castellano viejo en este artículo? Si has conocido a un «castellano viejo», descríbelo.

## Vocabulario para la lectura

**19** Da la palabra cuya definición sigue.

1. ______________ repentinamente
2. ______________ las partes de un huevo
3. ______________ lo que se hacer para hacer algo más dulce
4. ______________ destruir, romper

Nombre ______________________ Fecha ______________

# Lectura

## *Como agua para chocolate* de Laura Esquivel

**20** Comenta sobre las siguientes costumbres del pasado.

Una costumbre de muchas familias mexicanas tradicionales de la clase alta era la de obligar a la hija menor a nunca casarse, a permanecer soltera y a cuidar de la madre hasta su muerte. También era costumbre no permitir casarse una hija menor antes de que se casara la mayor.

______________________________________________

______________________________________________

______________________________________________

______________________________________________

______________________________________________

**21** Escribe todo lo posible sobre los siguientes personajes.

**1.** Nacha

______________________________________________

______________________________________________

______________________________________________

**2.** Tita

______________________________________________

______________________________________________

______________________________________________

**3.** Pedro

______________________________________________

______________________________________________

______________________________________________

**4.** Rosaura

______________________________________________

______________________________________________

______________________________________________

Nombre ______________________ Fecha ______________

# Sección 6: Conexión con el inglés

## El imperativo

**22** Escribe cinco mandatos afirmativos en inglés.

1. ____________________
2. ____________________
3. ____________________
4. ____________________
5. ____________________

**23** Escribe cinco mandatos negativos en inglés.

1. ____________________
2. ____________________
3. ____________________
4. ____________________
5. ____________________

## Pronombres de complemento con el imperativo

**24** Pon las siguientes palabras en el orden apropiado.

1. Give / the recipe / him

____________________

2. Give / to / the recipe / him

____________________

3. Give / it / me

____________________

4. Give / to / it / me

____________________

Nombre ______________________ Fecha ______________

# Sección 1

**Actividad 1** Escucha y escribe.

______________________________________________
______________________________________________
______________________________________________
______________________________________________
______________________________________________
______________________________________________
______________________________________________
______________________________________________
______________________________________________
______________________________________________
______________________________________________
______________________________________________
______________________________________________
______________________________________________

# Sección 2

**Actividad 2** Escucha y repite.

# Sección 3

**Actividad 3** Escucha y corrige tu tarea.

**Actividad 4** Escucha y corrige tu tarea.

**Actividad 5** Escucha y corrige tu tarea.

# Sección 4

**Actividad 6** Escucha.

Nombre ______________________ Fecha ______________

# Sección 4

**Actividad 7** **Escucha y escoge.**

| | CORRECTO | INCORRECTO |
|---|---|---|
| 1. | ❑ | ❑ |
| 2. | ❑ | ❑ |
| 3. | ❑ | ❑ |
| 4. | ❑ | ❑ |
| 5. | ❑ | ❑ |
| 6. | ❑ | ❑ |
| 7. | ❑ | ❑ |
| 8. | ❑ | ❑ |
| 9. | ❑ | ❑ |
| 10. | ❑ | ❑ |

# Capítulo 11

## Conducta

Nombre ______________________________ Fecha ______________

# Sección 1: Historia y cultura

## Vocabulario para la lectura

**1** Contesta.

1. ¿Qué hay en un puerto grande?

______________________________

______________________________

2. ¿Quiénes trabajan abordo de un barco o avión?

______________________________

______________________________

3. ¿Qué pide un mendigo?

______________________________

______________________________

4. ¿Cuál es una característica de la gente que les da a los pobres?

______________________________

______________________________

5. ¿Qué tipo de persona les ayuda a los pobres?

______________________________

______________________________

**2** Completa.

1. Las culturas heterogéneas de Latinoamérica tienen una mezcla de ______________________ indígenas, africanos y español-mediterráneos.
2. Es un rasgo puro de los españoles. Es ______________________ español.
3. Hay que basar la conclusión en algunos ______________________ pertinentes.

Nombre ______________________ Fecha ______________

## Lectura

**3** Corrige las oraciones falsas.

**1.** El individualismo es una característica indígena.

______________________

______________________

**2.** El español determina su valor a través de la opinión que otros tienen de él.

______________________

______________________

**3.** En España y Latinoamérica hay muchos equipos deportivos muy competitivos para los niños.

______________________

______________________

**4.** En Latinoamérica se verá a un grupo de niños jugando fútbol en un estadio municipal.

______________________

______________________

**5.** El norteamericano típico le dará una limosna al mendigo que ve en la calle.

______________________

______________________

**6.** El rasgo del individualismo dicta que la empresa sea más importante que la familia.

______________________

______________________

**7.** En la mayoría de los países hispanos hay dos partidos políticos.

______________________

______________________

**8.** El instrumento netamente español es el tambor.

______________________

______________________

Nombre ______________________ Fecha ______________

**4** Contesta.

1. ¿Cómo se introdujo el fútbol en Latinoamérica?

2. ¿Qué puede ser la guitarra? ¿Cuándo?

3. ¿Por qué no hay mayor número de accidentes automovilísticos en los países latinoamericanos aunque se dice que allí tienden a conducir agresivamente?

4. ¿Qué quería decir el filósofo español Miguel de Unamuno al declarar «en España hay veinte y cuatro millones de partidos políticos»?

# Sección 2: Conocimientos para superar

## Conexión con el conducir

**5** Identifica cada parte del automóvil.

1. 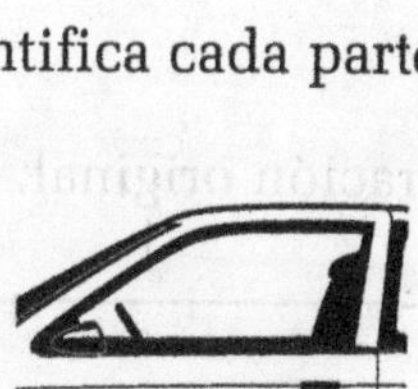 ______________________

2.  ______________________

Nombre ______________________ Fecha ______________

3.  ______________________

4. 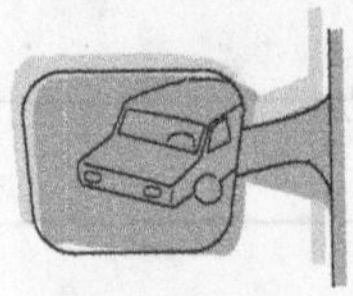 ______________________

5.  ______________________

6.  ______________________

7.  ______________________

8.  ______________________

9. 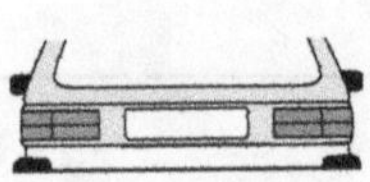 ______________________

10. 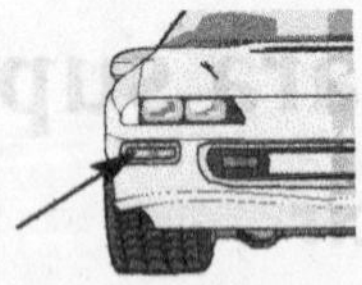 ______________________

**6** Usa cada uno de los siguientes términos en una oración original.

1. arrancar ______________________

______________________

2. poner en marcha ______________________

______________________

3. cambiar de carril ______________________

4. un punto ciego ______________________

5. una línea continuada ______________________

6. una luz fundida ______________________

7. multado ______________________

**7** Explícale lo siguiente a alguien.

1. lo que uno debe hacer al pasar a otro vehículo

2. lo que uno no debe hacer mientras conduce

3. como uno debe mantener las luces delanteras

Nombre ______________________ Fecha ______________________

# Sección 3: Gramática y lenguaje

## Imperativo familiar

**8** Da la forma familiar del imperativo afirmativo y negativo.

| | AFIRMATIVO | NEGATIVO |
|---|---|---|
| **1.** hablar | ______________ | ______________ |
| **2.** comer | ______________ | ______________ |
| **3.** escribir | ______________ | ______________ |
| **4.** conducir | ______________ | ______________ |
| **5.** cerrar | ______________ | ______________ |
| **6.** volver | ______________ | ______________ |
| **7.** pedir | ______________ | ______________ |
| **8.** ir | ______________ | ______________ |
| **9.** venir | ______________ | ______________ |
| **10.** poner | ______________ | ______________ |
| **11.** decir | ______________ | ______________ |
| **12.** salir | ______________ | ______________ |

**9** Dale direcciones a un(a) amigo(a) para llegar a tu casa de la carretera más cercana.

______________________________________________

______________________________________________

______________________________________________

______________________________________________

______________________________________________

______________________________________________

______________________________________________

______________________________________________

Nombre ______________________ Fecha ______________

**10** Dale unos consejos a un(a) amigo(a) que acaba de recibir su permiso de conducir. Dile lo que debe hacer para ser un(a) conductor(a) prudente.

_______________________________________________

_______________________________________________

_______________________________________________

_______________________________________________

_______________________________________________

_______________________________________________

_______________________________________________

_______________________________________________

## Regionalismos

**11** Indica el término que tú usas para cada uno de los siguientes.

**1.**  _______________________

**2.** 

_______________________

**3.**  _______________________

**4.** 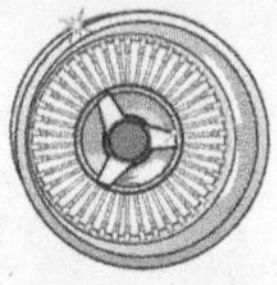 _______________________

**5.**  _______________________

**6.** 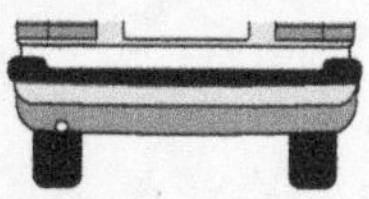 _______________________

Nombre ______________________ Fecha ______________

7.  ______________________

8.  ______________________

**12** Completa con la palabra que tú usas.

1. No se puede entrar en una calle ______________________.
2. Una carretera o autopista tiene ______________________ en cada sentido.
3. Al llegar a mi destino tengo que ______________________ el carro.
4. En muchas autopistas hay que pagar ______________________.
5. Si vas a ______________________ otro vehículo tienes que poner las direccionales.

Nombre ______________________ Fecha ______________

# Sección 4: Literatura

## Lectura

### *La misma lejanía* de Miguel Armenta

**13** Contesta.

1. ¿Cómo se sabe que el padre estaba muy orgulloso de su hijo, Luis?

2. ¿Qué tipo de joven era Luis?

**14** En tus propias palabras, describe el probloma que tuvieron con el carro.

Nombre ______________________________ Fecha ______________

# Sección 6: Conexión con el inglés

## Imperativo familiar

## Regionalismos

**15** Contesta.

1. ¿Por qué no hay un imperativo familiar en inglés?

_______________________________________________

_______________________________________________

2. ¿Existen regionalismos en inglés igual que en español?

_______________________________________________

_______________________________________________

**16** Subraya los términos que conoces. Rodea cualquier término que no hayas oído nunca.

| | | | | |
|---|---|---|---|---|
| **1.** trunk | boot | | | |
| **2.** hood | bonnet | | | |
| **3.** gas station | service station | petrol station | | |
| **4.** tractor trailer | lorry | | | |
| **5.** thruway | parkway | motorway | turnpike | toll road |
| **6.** traffic circle | rotary | roundabout | | |

Nombre ______________________ Fecha ______________

# Sección 2

**Actividad 1** Escucha.

# Sección 3

**Actividad 2** Escucha y habla.

**Actividad 3** Escucha y habla.

**Actividad 4** Escucha y habla.

**Actividad 5** Escucha y corrige tu tarea.

# Sección 4

**Actividad 6** Escucha.

**Actividad 7** Escucha y escribe.

# Capítulo 12

# Servicios y gobierno

Nombre ______________________ Fecha ______________

# Sección 1: Historia y cultura

## Vocabulario para la lectura

**1** Completa.

1. Desgraciadamente varias personas ______________ en el accidente.
2. Él estaba en favor de la víctima y la ______________.
3. Esta ley ya no existe. La han ______________.
4. El presidente estaba muy enfermo y ______________ el poder a su vicepresidente.
5. Pero yo sé que van a ______________ una nueva ley.

## Lectura

**2** Explica lo que hizo Fray Bartolomé de Las Casas y por qué lo hizo.

______________________________________________

______________________________________________

______________________________________________

______________________________________________

______________________________________________

______________________________________________

______________________________________________

______________________________________________

**3** Explica como se establecieron las misiones.

______________________________________________

______________________________________________

______________________________________________

______________________________________________

______________________________________________

______________________________________________

______________________________________________

______________________________________________

4 Describe a los Caddo y explica por qué los españoles no tenían mucho éxito con ellos.

5 Explica lo que es «el Camino Real».

6 Explica lo que pasó en California después de que México obtuvo su independencia de España.

# Sección 2: Conocimientos para superar

## Conexión con el trabajo policíaco

7 Escribe una lista de los objetivos más importantes del sistema de justicia penal.

Nombre ______________________ Fecha ______________

**8** Escribe.

1. una lista de términos relacionados con la muerte

2. una lista de términos relacionados con el robo

**9** Describe una diferencia importante entre el sistema judicial estadounidense y el de muchos otros países.

**10** Explica.

Los códigos penales se dividen en muchos grados o categorías.

**11** Prepara una lista de los pasos que se siguen a lo largo de una investigación criminal.

Nombre ____________________ Fecha ____________

# Sección 3: Gramática y lenguaje

## Subjuntivo

**12** Explica la diferencia entre el indicativo y el subjuntivo.

______________________________

______________________________

______________________________

______________________________

______________________________

**13** Completa.

1. ______________________________
   sirve para formar la raíz para el presente del subjuntivo.
2. De esta forma del verbo se suprime ____________
   ____________.
3. La vocal ________ se usa para el subjuntivo de los verbos de la primera conjugación.
4. Y la vocal ________ se usa con los verbos de la segunda y tercera conjugaciones.

**14** Da la forma apropiada del presente del subjuntivo.

1. ellos / salir ____________
2. tú / hacer ____________
3. yo / conducir ____________
4. él / perder ____________
5. nosotros / volver ____________
6. tú / volver ____________
7. yo / servir ____________
8. nosotros / servir ____________
9. tú / dormir ____________
10. nosotros / dormir ____________

11. usted / dar ______________________
12. yo / ir ______________________
13. ellos / saber ______________________
14. nosotros / ser ______________________

**15** Completa las siguientes frases formando una oración completa.

1. Quiero que ______________________.
2. Ellos insisten en que ______________________.
3. ¿Quién prefiere que ______________________?
4. Ellos exigen que ______________________.
5. Me alegro de que ______________________.
6. Tú temes que ______________________.
7. Siento que ______________________.
8. Es posible que ______________________.
9. Es probable que ______________________.
10. Es mejor que ______________________.
11. Es lástima que ______________________.
12. Es importante que ______________________.

Nombre ______________________ Fecha ______________

# Sección 4: Literatura

## Lectura

### *Zalacaín, el aventurero* de Pío Baroja

**16** Contesta.

1. ¿Dónde nació Pío Baroja?

______________________________

______________________________

2. ¿Para qué carrera estudió?

______________________________

______________________________

3. ¿A qué carrera se dedicó?

______________________________

______________________________

4. ¿Quiénes son sus personajes favoritos?

______________________________

______________________________

5. ¿Quiénes han podido escapar su censura?

______________________________

______________________________

6. ¿Hacia quiénes hay una simpatía en las obras de Pío Baroja?

______________________________

______________________________

**17** En tus propias palabras, explica el sentido de honor y de orgullo que se refleja en la personalidad española.

______________________________

______________________________

______________________________

______________________________

______________________________

Nombre ____________________ Fecha ____________

**18** Describe el ambiente en el cual tiene lugar esta novela.

**19** Contesta.

1. ¿Cuál es el problema sociológico al cual el autor se dirige en la novela?

2. A tu parecer, ¿tiene Pío Baroja simpatía hacia Martín? Defiende tu opinión.

## Lectura

### *El crimen fue en Granada* de Antonio Machado

**20** Contesta.

¿De qué trata el poema *El crimen fue en Granada*?

Nombre ______________________ Fecha ______________

# Sección 6: Conexión con el inglés

## Subjuntivo

**21** Escoge.

**1.** El subjuntivo en inglés se usa ______.
**a.** con frecuencia **b.** casi nunca **c.** igual que en español

**2.** La única forma del verbo que cambia en el subjuntivo es la de ______.
**a.** we **b.** he, she, it **c.** I

**3.** El único verbo que cambia en todas las formas del subjuntivo es ______.
**a.** to have **b.** to insist **c.** to be

**22** Escoge.

**1.** It is necessary that he ______ it.
**a.** do **b.** does

**2.** It is essential that you ______ there on time.
**a.** are **b.** be

**3.** It's important that he ______ enough money.
**a.** has **b.** have

**4.** Of course he insists that she ______ the truth.
**a.** tell **b.** tells

**5.** They requested that she ______ too.
**a.** go **b.** goes

**6.** They insisted that the lawyer ______ an immediate reply.
**a.** give **b.** gives

**7.** He suggested that I ______ there too.
**a.** am **b.** be

**8.** It's critical that the judge ______ the facts.
**a.** know **b.** knows

Nombre ______________________ Fecha ______________

# Sección 1

**Actividad 1** **Escucha y escribe.**

______________________________________________

______________________________________________

______________________________________________

______________________________________________

______________________________________________

______________________________________________

**Actividad 2** **Escucha.**

**Actividad 3** **Escucha y escribe.**

1. ______________________________________________
2. ______________________________________________
3. ______________________________________________
4. ______________________________________________

**Actividad 4** **Escucha.**

**Actividad 5** **Escucha y escribe.**

1. Los curas españoles construyeron una serie de ______________________________________________.
2. El Camino Real se extiende desde ______________________________________________.
3. Junípero Serra abogó por ______________________________________________.
4. Después de que México obtuvo su independencia, California ______________________________________________.
5. Hoy en día muchos turistas ______________________________________________.

Nombre ______________________________ Fecha ____________________

# Sección 3

**Actividad 6** **Escucha y corrige tu tarea.**

**Actividad 7** **Escucha y corrige tu tarea.**

**Actividad 8** **Escucha y corrige tu tarea.**

# Sección 4

**Actividad 9** **Escucha.**

**Actividad 10** **Escucha y escribe.**

Martín

________________________________________________

________________________________________________

________________________________________________

________________________________________________

**Actividad 11** **Escucha.**

**Actividad 12** **Escucha y escribe.**

Se le vio, caminando entre fusiles,
por una ____________________ larga,
salir al campo frío, de la madrugada.
____________________ a Federico
cuando la luz asomaba.
El pelotón de verdugos
no ____________________ mirarle a la cara.
Todos cerraron los ____________________;
rezaron; ¡Ni Dios te salva!
____________________ cayó Federico.
—sangre en la frente y plomo en las entrañas—
...Que fue en Granada el crimen,
sabed—¡pobre Granada!, en su Granada...

# Capítulo 13

## Familia y fiestas

Nombre ______________________ Fecha ______________

# Sección 1: Historia y cultura

## Lectura

**1** Contesta.

1. ¿Cuál es el núcleo de las sociedades latinoamericanas?

2. ¿Quiénes comprenden la familia?

3. ¿Cuáles son dos ejemplos de la lealtad familiar?

4. ¿Cuáles son algunas de las cosas que están cambiando en la familia latinoamericana debido a las exigencias de la vida moderna?

5. ¿Qué es el compadrazgo?

6. ¿Por qué no existía el compadrazgo dentro de las comunidades indígenas?

Nombre ______________________ Fecha ______________

**2** Prepara una redacción en la cual describes lo que, a tu parecer, son unas diferencias entre una familia latina típica y una anglosajona.

______________________________________________

______________________________________________

______________________________________________

______________________________________________

______________________________________________

______________________________________________

______________________________________________

# Sección 2: Conocimientos para superar

## Conexión con la biología

**3** Completa.

1. La biología es el estudio de ______________________ ______________________.
2. Hay ______________ tipos de células.
3. Los organismos cuyas estructuras celulares carecen de membrana son los ______________.
4. Los organismos cuyas células tienen estructuras membranosas son los ______________.
5. El organelo más grande de la célula es el ______________.
6. En cada célula, una ______________ sirve de límite.
7. El ______________ es un líquido claro en el interior de la célula que se parece al ______________.
8. Un grupo de células que trabajan juntos para desarrollar una actividad específica es un ______________.
9. Los órganos son ______________________.
10. Los ______________ son estructuras pequeñas en forma de hilos que aparecen y desaparecen en el núcleo de una célula después de la división de ella.

Nombre ______________________ Fecha ______________

**4** Explica.

1. las funciones de la membrana plasmática

2. la diferencia entre un organismo unicelular y multicelular

3. ejemplos de órganos

4. ejemplos de sistemas

5. el crecimiento y la reproducción de una célula

Nombre ______________________ Fecha ______________

**5** En tus propias palabras explica lo que son la genética y la herencia.

______________________________________________

______________________________________________

______________________________________________

______________________________________________

______________________________________________

# Sección 3: Gramática y lenguaje

## Subjuntivo con expresiones de duda

**6** Completa.

1. Dudo que ellos ______________ lo que están diciendo. (saber)
2. Yo no. Yo creo que ______________ exactamente lo que están diciendo. (saber)
3. Es cierto que todos nosotros ______________ juntos para Navidades. (estar)
4. Pero es dudoso que todos ______________ y ______________ al mismo tiempo. (llegar, salir)
5. ¿Crees que él lo ______________? ¡Yo, no! (comprar)
6. ¿Crees que él lo ______________? ¡Yo, sí! (comprar)

## Subjuntivo con expresiones de emoción

**7** Completa.

1. Me alegro de que toda la familia ______________. (reunirse)
2. A Abuelita le gusta mucho que la familia entera la ______________. (visitar)
3. Es una pena que todos nosotros ______________ en estados diferentes. (vivir)
4. Siento que mi primo menor no nos ______________ visitar casi nunca. (poder)

# Sección 4: Literatura

## Vocabulario para la lectura

**8** Escribe una oración original usando cada palabra.

**1.** musitar(se) ______________________

**2.** el manjar ______________________

**3.** la alacena ______________________

**4.** la vianda ______________________

**5.** el afán ______________________

## Lectura

### *El hermano ausente en la cena de Pascua* de Abraham Valdelomar

**9** Describe.

**1.** la mesa

______________________

**2.** el comedor

______________________

3. la expresión de la madre

______________________

______________________

______________________

4. el ambiente

______________________

______________________

______________________

## Lectura

### *Temprano y con sol* de Emilia Pardo Bazán

**10** Contesta.

1. ¿Dónde nació Emilia Pardo Bazán?

______________________

______________________

2. ¿Cómo era su familia?

______________________

______________________

3. ¿Qué tenía Pardo Bazán?

______________________

______________________

4. ¿Qué se considera ella?

______________________

______________________

Nombre ____________________ Fecha ____________

**11** Prepara una conversación entre el empleado y Finita en la ventanilla de la estación de ferrocarril.

**12** Prepara una conversación que tendría lugar cuando los padres de Finita y Currín se dieran cuenta de lo que habían hecho sus hijos.

Nombre ______________________ Fecha ______________________

## Lectura

### *Dicen que me case yo* de Gil Vicente

**13** Completa con las palabras que faltan sin mirar el poema.

«Dicen que me ______________________ yo
Dicen que me ______________________ yo:
no quiero ______________________, no.

Más quiero vivir ______________________
'nesta sierra a mi soltura,
que no ______________________ en ventura
si ______________________ bien o no.
Dicen que me ______________________ yo:
no quiero ______________________, no.»

# Sección 6: Conexión con el inglés

### Subjuntivo con expresiones de duda

**14** Contesta.

1. En inglés, ¿se usa el subjuntivo o el indicativo en oraciones que expresan certeza?

______________________________________________

2. En inglés, ¿se usa el subjuntivo o el indicativo en oraciones que expresan duda?

______________________________________________

Nombre ______________________________ Fecha ________________

# Sección 1

**Actividad 1** **Escucha.**

**Actividad 2** **Escucha y escribe.**

¿Por qué y cómo está cambiando la familia actualmente?

________________________________________

________________________________________

________________________________________

________________________________________

________________________________________

________________________________________

________________________________________

________________________________________

# Sección 4

**Actividad 3** **Escucha.**

**Actividad 4** **Escucha.**

**Actividad 5** **Escucha.**

**Actividad 6** **Escucha y escribe.**

«Dicen que me case ____________________

Dicen que me case ____________________:

no quiero ____________________, no.

Más quiero vivir ____________________

'nesta sierra a mi soltura,

que no estar en ventura

si casaré ____________________ o no.»

# Capítulo 14

# Profesiones y ciencias

Nombre ______________________________ Fecha ________________

# Sección 1: Historia y cultura

## Vocabulario para la lectura

**1** Da una palabra relacionada. Luego emplea cada una de las dos palabras en una oración original.

1. noche

______________________________________________

______________________________________________

2. escuela ____________________

______________________________________________

______________________________________________

3. matricularse ____________________

______________________________________________

______________________________________________

4. estado ____________________

______________________________________________

______________________________________________

## Lectura

**2** Contesta.

1. ¿Por qué no terminan la primaria muchos alumnos en las zonas rurales de Latinoamérica?

______________________________________________

______________________________________________

______________________________________________

2. ¿Para qué se preparan los estudiantes de las escuelas o institutos técnicos?

______________________________________________

______________________________________________

______________________________________________

Nombre ______________________ Fecha ______________

3. ¿Por qué dan estas instituciones clases diurnas y nocturnas?

4. ¿Por qué tienden a ser muy grandes las clases en las escuelas públicas?

5. ¿Cuál es la diferencia entre el sistema universitario en Estados Unidos y Latinoamérica?

6. ¿Qué hacen los estudiantes latinoamericanos desde su primer año universitario?

**3** Explica por qué el sistema educativo en Puerto Rico es el mismo que el sistema estadounidense.

**4** Explica algunos de los cambios que han tenido lugar en oficios y profesiones en EE.UU. y Latinoamérica.

Nombre ______________________ Fecha ______________

# Sección 2: Conocimientos para superar

## Conexión con la química

**5** Contesta.

**1.** ¿Qué es la materia? ______________________

**2.** ¿Cuáles son los tres estados físicos? ______________________

**3.** ¿De qué depende el estado físico? ______________________

**4.** ¿Qué es la densidad? ______________________

**5.** ¿Qué es un elemento? ______________________

**6.** ¿Cuál es la diferencia entre los protones, neutrones y electrones? ¿Dónde se encuentra cada uno? ______________________

**7.** ¿Qué es un compuesto? ______________________

**8.** ¿Qué es un ion? ______________________

**9.** ¿Cuál es la diferencia entre una mezcla y una solución?

______________________

**6** Expresa en palabras.

$2H_2 + O_2 = 2H_2O$ ______________________

Nombre ______________________ Fecha ______________

# Sección 3: Gramática y lenguaje

## Subjuntivo o infinitivo

## Subjuntivo con ojalá y quizá(s)

**7** Completa.

1. Yo quiero que ellos ______________. (venir)
2. ¡Ojalá (que) ellos ______________! (venir)
3. Yo sé que ellos quieren ______________. (venir)
4. Él prefiere ______________. (salir)
5. Y yo prefiero que (él) ______________. (salir)
6. ¡Quizá (él) ______________ mañana! (salir)
7. Es necesario ______________. (estudiar)
8. Es necesario que todos nosotros ______________. (estudiar)
9. ¡Ojalá (nosotros) ______________ bastante! (estudiar)

## Subjuntivo en cláusulas relativas

**8** Escribe según el modelo.

**Conozco a una chica. Saber el portugués. →**
**Conozco a una chica que sabe el portugués.**

1. Busco un secretario. Dominar el español.

   ______________________________

2. Tengo una falda. Jugar bien con esta blusa.

   ______________________________

3. Quiero comprar una falda. Jugar bien con esta blusa.

   ______________________________

4. Necesitamos un médico. Vivir cerca.

   ______________________________

5. Conozco a un médico. Estar cerca.

   ______________________________

6. Tengo un puesto. Pagarme bien.

_______________________________________________

7. Busco un puesto. Interesarme.

_______________________________________________

# Sección 4: Literatura

## Vocabulario para la lectura

**9** Escribe de otra manera.

1. Quieren tu *ayuda*.

_______________________________________________

2. Ellos *sienten pena por* mí.

_______________________________________________

3. Él lo *llegó a entender*.

_______________________________________________

4. Ella tiene muchas *habilidades*.

_______________________________________________

5. No toques *la bocina*.

_______________________________________________

6. Él *ofreció un precio más bajo*.

_______________________________________________

7. ¿Cuáles son las dimensiones del *paquete*?

_______________________________________________

8. Ellos *insistieron en* hacerlo.

_______________________________________________

Nombre ______________________ Fecha ______________

## Lectura

### *El don rechazado* de Rosario Castellanos

**10** Escribe algunos hechos sobre el estado de Chiapas en México.

**11** Da tus propias opiniones y reacciones sobre la información que aprendiste en *El don rechazado.*

## Lectura

### *Recuerdo de la madre ausente* de Gabriela Mistral

**12** Escribe a lo menos cinco cosas que Gabriela Mistral le dice a su madre en *Recuerdo de la madre ausente.*

Nombre ______________________ Fecha ______________

# Sección 1

**Actividad 1** Escucha.

# Sección 3

**Actividad 2** Escucha y corrige tu tarea.

# Sección 4

**Actividad 3** Escucha.

**Actividad 4** Escucha y escribe.